Agathe Israel, Cecilia Enriquez de Salamanca (Hg.)
Wie eine Säuglingsbeobachtung beginnt

Jahrbuch für teilnehmende
Säuglings- und Kleinkindbeobachtung

Agathe Israel, Cecilia Enriquez de Salamanca (Hg.)

Wie eine Säuglingsbeobachtung beginnt

Bewusste und unbewusste Motive werdender Eltern

Jahrbuch für teilnehmende Säuglings- und Kleinkindbeobachtung 2022

Mit Beiträgen von Rose Ahlheim, Agathe Israel, Nina Maschke und Cecilia Enriquez de Salamanca

Psychosozial-Verlag

Bibliografische Information der Deutschen Nationalbibliothek
Die Deutsche Nationalbibliothek verzeichnet diese Publikation
in der Deutschen Nationalbibliografie; detaillierte bibliografische Daten
sind im Internet über http://dnb.d-nb.de abrufbar.

Originalausgabe
© 2022 Psychosozial-Verlag GmbH & Co. KG, Gießen
E-Mail: info@psychosozial-verlag.de
www.psychosozial-verlag.de
Umschlagabbildung: © Agathe Israel
Umschlaggestaltung & Innenlayout nach Entwürfen von Hanspeter Ludwig, Wetzlar
Satz: metiTec-Software, www.me-ti.de
ISBN 978-3-8379-3199-0 (Print-Ausgabe)
ISBN 978-3-8379-7910-7 (E-Book-PDF)
ISSN (Print) 2749-2990
ISSN (Online) 2749-3008

Inhalt

Einleitung

Agathe Israel & Cecilia Enriquez de Salamanca

Jahrbuch für teilnehmende Säuglings- und Kleinkindbeobachtung 2022, 7–13
https://doi.org/10.30820/9783837931990-7
www.psychosozial-verlag.de/jtskb

Im zweiten *Jahrbuch für teilnehmende Säuglings- und Kleinkindbeobachtung* befassen wir uns mit den Motiven, die Eltern dazu bringen, einer Beobachtung ihres Kindes zuzustimmen.

Eltern-Sein und Elternschaft

So wie bewusste und unbewusste Gründe in den Eltern existieren, den Schritt in die Elternschaft zu wagen und sich für ein Kind oder weitere Kinder zu entscheiden, sind auch ihre Motive, der Beobachtung ihres Babys und ihrer Familie in den ersten Lebensjahren zuzustimmen, bewusster und unbewusster Natur. Diese genauer kennenzulernen wird – so vermuten wir – uns mehr Einblicke in die Elternschaft geben, die spätestens seitdem Ungeborene und Neugeborene als fühlende menschliche Wesen verstanden werden von Müttern und Vätern immense Veränderungen, Kräfte, Umstellungen verlangt. Sie müssen Fähigkeiten anwenden, die ihnen sowohl vorangegangene Generationen vermittelten, und auch solche, die sie im Alltag erlernen müssen. Die eigenen Früherfahrungen der Eltern bilden die unbewussten grundlegenden Voraussetzungen, Eltern sein zu können, die wir als Reverie[1], Reflexivität, primäre Mütterlichkeit bezeichnen.

---

1 *Reverie*, eingeführt als Begriff von Winfried Bion: die träumerische Versunkenheit der Mutter, sich in das Kind hineinzuversetzen, sich projektiv identifizieren zu lassen und über sein Wesen und seine Bedürfnisse nachzusinnen (vgl. Bion, 1962). *Reflexive Funktion:* ein Begriff, den Peter Fonagy einführte, der die Fähigkeit beschreibt, sich selbst, die Situation und einen Anderen aus einer dritten Position anzuschauen (vgl. Fonagy & Tar-

Sie sind im impliziten, prozeduralen Gedächtnis verankert und nicht bewusstseinsfähig.[2] Von Eltern zitierte Modelle über ihre Erziehungsprinzipien oder Rollenvorstellungen stammen aus dem späteren Kleinkindalter, die im expliziten, deklarativen Gedächtnis gespeichert werden und bewusstseinsfähig sind.[3] Ganz natürlich sind Schwangerschaft, Geburt und zumindest die ersten Lebensmonate in der absoluten Abhängigkeit und gegenseitigen Anpassung von heftigen Emotionen begleitet, die in beiden Gedächtnissen (implizites und explizites) aktiviert werden. So wie in Mutter oder Vater Früherfahrungen und die damit verbundenen Emotionen reaktiviert werden, sie ihrem »inneren Kind« begegnen – Klein nennt es »memories in Feelings« (Klein, 1957) –, kann dies auch in der*m Beobachter*in geschehen, wenn sie*er sich intensiv auf ihre*seine Aufgabe einlässt. Auch müssen wir daran denken, dass die Mutter (der Vater) in der Beziehung zur*zum Beobachter*in ihre (seine) eigene frühe Mutter-Kind-Beziehung konstellieren könnte.[4]

Die Erstbegegnung

Die in den ersten beiden Beiträgen vorgestellte Untersuchung ist in dem vorgeburtlichen Treffen mit den Eltern angesiedelt, in dem hauptsächlich gesprochen wird. Es dient dem Kennenlernen und auch dazu, ein Arbeitsbündnis zu schließen. Es wird auch bei diesem einen Gespräch bleiben, denn die künftigen

---

get, 2006). *Primäre Mütterlichkeit* beschreibt eine komplexe Einstellung, sich geduldig und zuverlässig auf die Bedürfnisse des Babys einzustellen, ohne sich darin zu verlieren (vgl. Winnicott, 1960).

2 Das *implizite Gedächtnis* ist mit dem limbischen System verbunden, hauptsächlich in den Basalganglien und dem Cerebellum lokalisiert. Es umfasst automatische Inhalte/Fertigkeiten, die nicht mehr, als ein begleitendes Bewusstsein besitzen (vgl. Roth & Strüber, 2014, S. 160–163).

3 Das *explizite bzw. autobiografische Gedächtnis* ist in der assoziativen Großhirnrinde gespeichert. Seine Inhalte (Episoden aus dem eigenen Leben, Wissen, Fakten) sind bewusstseinsfähig, und sprachlich berichtbar. Das Selbst ist so weit geformt, dass es Ereignisse als persönlich codieren und in Sprache bringen kann: Was haben wir alles erlebt als Kinder und Jugendliche (vgl. Roth & Strüber, 2014, S. 160–163).

4 Diese bewussten biografischen Ereignisse mit den eigenen Eltern, mit der Familie oder in der Kita etc. können auch *traumatische Inhalte* enthalten. Letztere sind allerdings begleitet von heftigen, schrecklichen Emotionen, die das Erinnerungsvermögen beeinträchtigen und eine Amnesie hervorrufen können (vgl. Roth & Strüber, 2014).

Begegnungen – so die gemeinsame Verabredung – dienen der Beobachtung, in der hauptsächlich die vorsprachliche Kommunikation eine Rolle spielt. Das sind Gesten, Zeichen und Handlungen, die Erleben, Bedürfnisse und Gefühle mitteilen, aufnehmen und verändern. Beim Auswerten des Materials über die ersten Treffen haben sich die »Forscherinnen« den unbewussten Inhalten wegen der vorherrschenden sprachlichen Kommunikation nur annähern können und dabei – wie im ersten Beitrag ausführlich beschrieben – oft als Resonanzkörper für das Ungesagte eingesetzt.

Da die Säuglingsbeobachtung am Beginn der Ausbildung steht, sind die Beobachter*innen noch unerfahren in Ausbildung und Methode und nicht selten auch sehr jung. Oft sind sie noch die Töchter und Söhne ihrer Eltern ohne eigene Erfahrung als Mütter oder Väter. Aber nicht nur für Beobachter*innen, die noch keine eigene Familie gegründet haben, auch für diejenigen, die bereits älter und lebenserfahrener oder selbst erfahrene Eltern sind, trifft die Metapher zu: Mit dem Schritt in die Beobachtungsfamilie eröffnet sich eine neue Welt.

Die neue Welt ist keineswegs ein isolierter Lebensraum, der sich als privates Paradies oder private Hölle erweist, sondern hinter ihr stehen Welten, die wir etwas systematisieren möchten.

So treffen Beobachter*innen immer auf ein *Familiensystem*. Seine Dynamik und seine Regeln müssen von ihnen entdeckt und verstanden werden. Außerdem sind sie Zeugen, wie sich dieses System durch den Einfluss des ungeborenen Kindes soeben verändert und weiter wandelt. Sie werden zugleich auch Teil der ganz unterschiedlichen Familienstrukturen. Oder, mehr auf die unbewussten Konflikte der Eltern fokussiert, müssen sie sich auf unterschiedliche Paarkonstellationen einstellen.[5] Beim ersten Treffen ist noch alles offen und zugleich werden bereits erste szenische Erfahrungen gesammelt, die sich erst im Lauf der Beobachtung systematisieren lassen.

Zum anderen ist die beobachtete Familie in einer bestimmten Kultur bzw. einem *Kulturkreis* eingebettet, den es zu verstehen und zu akzeptieren gilt. Besonders im gesellschaftlichen Bild vom Kind, das jedoch innerhalb einer Gesellschaft nur indirekt kommuniziert wird, treffen wir auf erhebliche Unterschiede. Und dabei treffen wir auch auf Anteile des gesellschaftlichen Unbewussten.

---

5 Wir denken an solche Strukturen wie die Paarfamilie, die Puppenhaus-Familie, die matriachale oder patriachale Familie, die Bandenfamilie, die in ihr Gegenteil verkehrte Familie (vgl. Meltzer & Harris, 2009). Gemeint sind solche Konstellationen wie das unvorbereitete Paar oder das verschmolzene Paar, transgenerational belastete Partnerschaften, das distanzierte Paar und Ähnliches mehr (vgl. Cirpka & Windaus, 2012).

Im gegenwärtigen Bild vom Kind unseres Kulturkreises wird dessen Unterstützungsbedürftigkeit betont. Das impliziert Anforderungen an eine Umwelt, die seine Entwicklung, insbesondere seine Autonomie fördert. Das daraus abgeleitete Recht auf Bildung wird ausgelegt als Recht auf frühkindliche Förderung, wie sie (nur) frühe Erziehungsinstitutionen bieten könnten. Selbstverständlich wirkt solch ein Bild bis in die Familie hinein und prägt unbewusst bereits die Fantasien über »unser Kind«. Eltern aus anderen Kulturkreisen könnten ein ganz anderes Bild haben, das zum Beispiel in Behütung und Kontrolle die wesentliche Bedürftigkeit des Kindes sieht. Oder wie es in einer Erstbegegnung beschrieben wird, präsentierten sich die werdenden Eltern als Fremde, die viel Ablehnung erfahren hatten und als solche – vielleicht deshalb? – ihrerseits soziale Kontexte von Verbindlichkeit ablehnten. Sie schienen in einer pubertären Selbstdarstellung verhaftet. Im Erstgespräch machten sie und die Beobachterin aus ihrer Elternschaft eine Art Rettungsmythos. Und aus dem noch ungeborenen Baby wurde ein*e »Held*in«.

So wie Familie verankert ist im Kulturkreis, sind die *Mutter/Vater-Kind-Dyade und das Baby* eingebettet in die Familie. Und hier sind wir nun angelangt im Begegnungsraum, treffen auf eine gemeinsame sinnliche Erfahrung, das gesamte Spektrum der Erstbegegnung Sie schließt nicht nur die Suchphase nach einer Familie und einem Baby ab, sondern ist auch die Geburtsstunde der Beobachtung. Die Zeit des Wartens, die »Zeugung und Schwangerschaft der Beobachtung« erfordern, wird begleitet von Ungewissheiten, die auch Eltern quälen: Wird es uns gelingen? Werden wir dem Kind überhaupt gewachsen sein? Nun tritt die Beobachterin in die neue Welt als Anfängerin – ebenso wie das Baby. Beide sind abhängig, müssen sich anpassen und werden sich entwickeln entlang von Erfahrungen. In die Erstbegegnung bringt *die Beobachterin* außerdem sich als Person und ihre Geschichte mit hinein: Die eigene frühe Mutter-Kind-Beziehung wird reaktiviert. Sie begegnet ihrem *inneren Baby*. Sie steht am Anfang einer Lernerfahrung im Unterscheiden- lernen und sich darin zu üben, während sie beobachtet ihre Emotionen zu entmischen und zu klären.[6] Weil so viel davon ab-

---

6 *Was kommt von innen von mir/was gehört zu mir? – Eigene reaktivierte Erfahrungen? Was kommt von der Familie zu mir/was gehört zur Familie? – Was kommt vom Baby? – Projektionen, was sind meine »Gefühlsantworten« i.S.* der unbewussten Abwehr dessen, was mir Baby/Mutter/Vater übermitteln – *Gegenübertragung.* Das ist eine persönliche Entwicklungsarbeit, die der*dem Beobachter*in in der späteren Therapiesituation ermöglicht, ihre*seine Gegenübertragungsgefühle als »Antennen im Patienten« zu verstehen und gleichzeitig »draußen« bleiben, sich als abgegrenzte Person erleben zu können.

hängt, dass die »Geburt« gelingt, ist die Erstbegegnung seitens der Beobachterin bedeutungsgeladen, eine ernste Situation. Wenn die Beobachtung nicht zustande kommt, verliert sie die Zugehörigkeit zu ihrer Gruppe, wird sich der Verlauf der Ausbildung verzögern, unabhängig davon, ob sie das Scheitern als Katastrophe oder Herausforderung erlebt.

Die beiden Beiträge kommen zu einer unerwarteten Schlussfolgerung: Nicht besonders ängstliche, unsichere und hilfsbedürftige Eltern oder solche, die starre Konzepte im Kopf haben, wie Entwicklung, Erziehung Pflege abzulaufen haben, erlauben die Säuglingsbeobachtung, sondern diejenigen, die bereits eine Ahnung von der Bedeutung des Nachsinnens über ein Kind, eine Situation oder sich selbst haben – R. Ahlheim nennt sie ich-stark – und darin weiter unterstützt werden möchten. Anders gesagt, die intuitiv die Auseinandersetzung mit harten, destruktiven, feindseligen Anteilen ihrer inneren Eltern-Objekte nicht scheuen und deshalb mit ihrem Kind zusammen neue Erfahrungen sammeln wollen. In ihrem Leben muss es wohlwollende »Elternfiguren«, hoffnungsspendende Erfahrungen gegeben haben, an die sie jetzt unbewusst anknüpfen können, denn sie trauen sich etwas zu und können sich eine*n Andere*n vorstellen, die*der ihre Kompetenzen und nicht nur die Defizite sieht. Dies scheint der gemeinsame Nenner jenseits aller Unterschiedlichkeiten wie Bildung, soziale Verankerung, familiäre Herkunft zu sein. Alleinerziehende zu beobachten verlangt, den Hintergrund des Verhaltens besonders genau zu klären, da für sie und das Baby die*der Beobachter*in im Hier und Jetzt immer die Triade ergänzt und auch als Realperson für den fehlenden realen Elternteil steht.

Selbstdarstellung: Wir über uns

Unsere Beschäftigung mit den Erstgesprächen war fast ausschließlich eine Gruppenarbeit, die folgenden Bewegungen vollzog: zum einen vom Rohmaterial durch mehrfache Reflexionen und Resonanzen in der Gruppe zu einer gemeinsamen Aussage auf einer gewissen Metaebene zu gelangen, die in einem Vortrag und jetzt in der Publikation endet. Zum anderen eigenes Erleben immer wieder neu gemeinschaftlich zu diskutieren. In der Leitung der Gruppe wechselten wir uns von Termin zu Termin ab.

Es war eine mühevolle Arbeit, nicht zuletzt weil wir alle nicht routiniert sind in der Methodik der hermeneutischen Textanalyse, und weil wir im Gegensatz zu unserer sonst üblichen Seminararbeit auf die Anwesenheit und Stimme der Beobachter*in verzichten mussten.

Durch diese große Distanz verbreiterte sich aber auch der Assoziationshof und wir konnten – da wir nicht so unter dem Feuer der Erfahrung standen – unbefangener fühlen und denken. Wir mussten auf der Hut sein, uns nicht in Spekulationen zu verlieren. Deshalb entwickelten wir die den Leser*innen vermutlich etwas schwerfällig anmutende Methodik.

Eine Säuglingsbeobachtung

Das Ja zur Beobachtung eröffnet in der Regel eine Arena, in der nun mit der*dem Beobachter*in als Vertreter*in des konstruktiven Dritten gerungen wird. Aber auch eine gelungene Erstbegegnung wird keine endgültige Sicherheit bieten, dass die Beobachtung als gemeinsames »Baby« überleben und heranwachsen kann.

Wie im ersten Band wird deshalb im dritten Beitrag wieder eine Säuglingsbeobachtung vorgestellt, in der die Beobachterin eine erwünschte und zugleich bekämpfte Dritte ist. Sie gibt nicht nur Einblick in die individuelle »Entwicklungsgeschichte« eines Babys, sondern auch in die Schwierigkeiten seiner Mutter, Getrenntheit und Zusammensein als gleichermaßen bedeutend anzuerkennen und Übergänge zu schaffen. Auch erleben wir mit, wie die verlässlich wiederkehrende Beobachterin entlang ihrer Gegenübertragungsgefühle die Positionen der Eltern und des Kindes (mit-)fühlt, durchdenkt, zusammenführt.

Die Gruppe als Behälter: Zum letzten Text dieses Bandes

Den Wert, die Gruppe als Behälter (Container) für das Beobachtungsmaterial und die damit verbundenen Fühl- und Denkvorgänge verwenden zu können (Containment), haben wir in unserem letzten Projekt wieder wohltuend gespürt. Damit bestätigte sich für uns der Arbeitsansatz, wie ihn die Infant Observation (IO) nach Esther Bick vorsieht. Dabei geht es nicht nur um diejenigen Dynamiken, die durch das Beobachtungsmaterial ausgelöst werden, sondern auch um den Entwicklungsprozess der Gruppe und das Leiter*innenverhalten. Deshalb haben wir diesem Band eine Einführung in die Entwicklung von Supervisionsgruppen beigefügt, in der Hoffnung, dass Gruppenleiter*innen angeregt werden, sich dem Thema zuzuwenden.

Literatur

Bion, W. R. (1962). Eine Theorie des Denkens. In E. Bott Spillius (Hrsg.). (1990), *Melanie Klein Heute, Bd. 1* (S. 225–235). München, Wien: Verlag Internationale Psychoanalyse.

Cirpka, M. & Windaus, E. (2012). *Psychoanalytische Säuglings-Kleinkind-Elternpsychotherapie. Konzepte – Leitlinien – Manual.* Frankfurt a. M.: Brandes & Apsel.

Fonagy, P. & Target, M. (2006). *Psychoanalyse und die Psychopathologie der Entwicklung.* Stuttgart: Klett-Cotta.

Klein, M. (1957). Neid und Dankbarkeit. In M. Klein, *Gesammelte Schriften, Bd. 3* (S. 288f.). Stuttgart: frommann-holzboog [ursprüngl. Klein, M. Envy and Gratitude and other works 1946–1963. In *The Writings of Melanie Klein, vol. III.* London: The Hogarth Press and the Institute of Psycho-Analysis (reprinted 1993, London: Karnac)].

Meltzer, D. (2009). *Studien zur erweiterten Metapsychologie.* Frankfurt a. M. Brandes & Apsel.

Roth, G. & Strüber, N. (2014). *Wie das Gehirn die Seele macht.* Stuttgart: Klett-Cotta.

Winnicott, D. W. (1960). Primäre Mütterlichkeit. *Psyche, 14*(7), 393–399.

Die Herausgeberinnen

Agathe Israel, Dr. med., ist Fachärztin für Psychotherapeutische Medizin, Psychiatrie/Neurologie, Kinder- und Jugendpsychiatrie, Psychoanalytikerin für Erwachsene, Kinder- und Jugendliche (VAKJP), Lehranalytikerin (DGPT) und Supervisorin sowie Dozentin am Institut für analytische Kinder- und Jugendlichen-Psychotherapie – Esther Bick in Berlin.

agathe.israel@gmx.de

Cecilia Enriquez de Salamanca ist Fachärztin für Kinder- und Jugendpsychiatrie und Psychotherapie, Psychoanalyse und Psychoanalytikerin für Kinder und Jugendliche sowie Dozentin und Supervisorin am Institut für analytische Kinder- und Jugendlichen-Psychotherapie – Esther Bick in Berlin.

c.salamanca@web.de

Vom Wollen und Brauchen[1]

Bewusste und unbewusste Motive
zu Beginn einer Säuglingsbeobachtung

Cecilia Enriquez de Salamanca

Jahrbuch für teilnehmende Säuglings- und Kleinkindbeobachtung 2022, 15–46
https://doi.org/10.30820/9783837931990-15
www.psychosozial-verlag.de/jtskb

Zusammenfassung: Die Ergebnisse einer mehrjährigen Forschungsarbeit von vier Psychoanalytikerinnen die sich mit der Frage befasste, was Eltern motivieren könnte einer zweijährigen teilnehmenden Beobachtung ihres Babys zuzustimmen, werden vorgestellt. Mithilfe der hermeneutischen Textanalyse und des szenischen Verstehens sowie der psychoanalytischen Objektbeziehungstheorie wurden dazu Protokolle der Erstbegegnung vor der Geburt zwischen Eltern und angehenden Beobachter*innen ausgewertet. Anhand vielfältiger Vignetten und einer ausführlichen Interpretation wird dargestellt, wie die Eltern auf die Bitte, beobachten zu dürfen, auf der bewussten, manifesten Ebene und der latenten, unbewussten Ebene eingehen. Außerdem wird dargestellt, wie im Erstgespräch die*der Beobachter*in in einer Art Stellvertreterposition basale Bedürfnisse des Babys repräsentiert, gleichzeitig aber auch an die Beobachter*innen als Übertragungsobjekte diverse Beziehungswünsche gerichtet werden. Ob die/ der zukünftige Beobachter*in brauchbar ist für die grundlegenden Wandlungsprozesse, steht im Zentrum der Gespräche. Eltern, die der Beobachtung zustimmen, vermitteln bereits im Erstgespräch ihre Ahnung darüber, dass sie eine Unterstützung brauchen könnten, eine flexible Position in der entstehenden Triade zu finden. Ebenso darin, Nicht-Wissen und Ungewissheit auszuhalten und sich auf ihre Fähigkeiten zur einfühlenden Reverie einlassen zu können. Eltern, die eher eine Betreuung oder

---

[1] Dieser Text ist eine erweiterte Darstellung des gleichnamigen thematischen Vortrages zur 10. Tagung zur Säuglingsbeobachtung, der auf der gemeinsamen Arbeit der Forscherinnen-Gruppe beruhte. Er entstand in enger, kollegialer Zusammenarbeit mit Dr. Agathe Israel. Für ihre fachkundige Unterstützung bedanke ich mich sehr herzlich.

konkrete Erziehungshilfen suchen, entscheiden sich nach dem Erstgespräch häufiger gegen eine Säuglingsbeobachtung.

Schlüsselwörter: Säuglingsbeobachtung nach der Methode von Esther Bick; Erstbegegnung; Motivation der Eltern zur Säuglingsbeobachtung, Triade; Reverie; szenisches Verstehen

Wenn Eltern einer Beobachtung ihres Babys zustimmen, sind ihre Motive vielseitig und so individuell, wie auch jede Eltern-Säuglings-Beziehung einzigartig ist.

Die teilnehmende Säuglingsbeobachtung nach der Methode von Esther Bick ist eine besondere Lernmöglichkeit für angehende Psychotherapeut*innen. Mithilfe des im Prinzip sehr einfachen Konzeptes (ein Baby wird über ein bis zwei Jahre für jeweils eine Stunde pro Woche in seiner Familie beobachtet) erhalten sie tiefgreifende Einblicke in die psychische Entwicklung ihres Beobachtungs-Babys und in die einzigartigen Eltern-Kind-Dynamiken, die sich in ihrer Anwesenheit entfalten. Gleichzeitig wachsen ihre eigenen Fähigkeiten, die sie später in ihrem therapeutischen Alltag nutzen werden, was daher als das Erlernen der analytischen Haltung beschrieben wurde (Reid, 1997; Sternberg, 2005; Maiello, 2007).

Möglich wurde dies durch Eltern, die in den letzten Jahrzehnten bereitwillig ihr Baby und ihre Beziehungen zu diesem beobachten ließen und damit Einblicke in ihre gemeinsamen Erfahrungen von Freuden, Ängsten und Belastungen, in das gemeinsame Ringen um eine genügend gute Elternschaft, gewährten.

Dass auch die Familien von der Anwesenheit einer Beobachterin Gebrauch machen können, wurde im letzten Jahrbuch dargestellt (Israel, 2021). Hier sollen die Motive der Eltern dargestellt werden, die sie dazu bewogen haben könnten, der Beobachtung ihres Babys zuzustimmen. Nachdem wir diese erforscht haben, gehen wir davon aus, dass sie komplexer als bisher angenommen sind.

Wir[2] sind eine Forscherinnengruppe (Forschungsgruppe »frühes Erleben«) am Institut für analytische Kinder- und Jugendlichenpsychotherapie IAK-JP – Esther Bick, alle qualifiziert in analytischer Kinder- und Jugendlichenpsychotherapie und erfahren in der Durchführung und Lehre von Säuglingsbeobachtungen.

---

2 Rose Ahlheim, Agathe Israel, Rita Stockmann, Cecilia E. de Salamanca.

Seit mehreren Jahren arbeiten wir miteinander über Themen des frühen Erlebens. Wir befassten uns unter anderem mit Beobachtungen von Frühgeborenen aus Finnland, oder der Beobachtung eines Zigan-Mädchens in Rumänien.

Die eigene analytische Theoriebildung, besonders der Objektbeziehungstheorie, und die Annahme, dass alle Interaktionen, alles Erleben von unbewussten Phantasien begleitet ist, prägten daher die Art der Interpretation der herausgearbeiteten latenten Sinninhalte der Texte.

In unserem letzten Projekt setzten wir uns mit der Frage auseinander was Eltern (dazu) motivieren könnte, einer Beobachtung zuzustimmen. Es war unter anderem unser Anliegen, der verbreiteten Ansicht auf den Grund zu gehen, ob tendenziell eher ängstlich-unsichere Eltern zustimmen, da sie sich eine Unterstützung erhoffen, was zu einem Machtgefälle zwischen angehenden Psychotherapeut*innen und bedürftigen Eltern führen könnte. Aber besonders interessierte uns das Spektrum der unbewussten Motive.

Dazu suchten wir in den protokollierten Erstgesprächen mithilfe einer hermeneutischen Textanalyse und der Methode des szenischen Verstehens nach Hinweisen, was sich im Gesprächsverlauf zwischen zukünftigen Eltern und Beobachterin auf der bewussten sowie der Übertragungsebene und inneren Welt der Objektbeziehungen abbilden könnte.

Wir fragten uns, ob sich aus den Texten Hypothesen ableiten ließen, was Eltern dazu bewegen könnte, einer Beobachtung zuzustimmen.

Der erste Kontakt

Die erste Kontaktaufnahme zwischen der*dem Beobachter*in und den werdenden Eltern findet häufig per E-Mail oder telefonisch statt. In den allerersten Äußerungen der Eltern finden sich Formulierungen wie:

»Wir interessieren uns für die Baby-Studie«, »Ich weiß noch gar nichts, aber meine Hebamme meinte, Sie sind sehr nett«, »Mein Mann hat den Aushang gesehen und gleich gemeint: ›Das wäre doch was für dich‹«, »Was kann ich für Sie tun?«, »Wir sind da auch ganz aufgeschlossen, könnten uns vorstellen, vielleicht darüber jemanden Nettes kennenzulernen«, »Das würde mich interessieren«. Ein erstes Interesse wurde geweckt durch einen schriftlichen Aushang in einer Arzt- oder Hebammenpraxis oder in einem Laden, heutzutage auch über Social-Media-Kanäle. So haben die Eltern erfahren, dass es da jemanden gibt, der etwas über Babys lernen möchte und dafür um Unterstützung bittet. Sie drücken durch ihre Äußerungen aus, dass sie dem Anliegen einer Säuglingsbeobachtung mit freundlicher Neugier gegenüberstehen, fühlen sich von dem Anliegen angesprochen und möchten mehr erfahren.

Denn durch die Bitte – ihr Baby in seiner natürlichen Umgebung beobachten zu wollen – sind die werdenden Eltern auf etwas aufmerksam gemacht worden, was in ihnen den Impuls weckte, sich aktiv an die Fragende zu wenden. Eine Person, die bereits im Ersttelefonat andeutet, dass sie weder Ratgeberin noch Familienhelferin oder Babysitterin ist.

Ist es Neugier, Interesse an der Wissenschaft oder der Wunsch nach einer (narzisstischen) Aufwertung? (»So hat unser Baby schon eine analytische Behandlung.« – »Ich kenne mich auch mit Studien aus.«) Wurde eine tiefe Sehnsucht angesprochen, ohne Erwartungen und Bewertungen, einfach gesehen zu werden? Sollen Freude und Stolz – die alle Eltern brauchen, um sich auf die Elternschaft einzulassen – über und auf »his majesty the baby« (Freud) miteinander geteilt werden?

Oder vermuten sie, dass hinter der Bitte ein Unterstützungsangebot steckt?

Denn es mutet schon etwas befremdlich an, wenn gerade in dem Moment, in dem sich so viel ändern wird durch das Baby – ein Wesen, dass die Mutter in seiner »Fremdheit« erst einmal kennenlernen muss –, einer weiteren unbekannten Person Zutritt in das Familiensystem gestattet wird. Bereits während der Schwangerschaft hat sich für das Paar und besonders für die Mutter viel verändert: Verschiedenste Fantasien, Ängste, Hoffnungen, Gefühle von Freude, Sorgen kamen auf. Jetzt steht dem familiären System bevor, sich neu zu formieren: Das Paar erweitert sich unausweichlich zu einer Dreierbeziehung, die die Bedürfnisse eines jeden erfüllen soll/muss. Ist es das erste Baby, existiert noch keine Erfahrung darüber, wie sehr sich das Leben verändern wird.

Nun taucht eine weitere Person auf, die mit einem Wunsch an die zukünftigen Eltern herantritt.

Esther Bick (1964) hatte den zukünftigen Beobachter*innen die Empfehlung gegeben, ganz schlicht zu formulieren, dass der Wunsch bestünde, etwas über Babys und deren Entwicklung lernen zu wollen. Erfahrungsgemäß seien die Mütter recht erfreut darüber, dass so ein Interesse an ihnen und ihrem Baby bekundet werde. Die Erfahrung, in die Familie hineingelassen zu werden, mache gleichzeitig die Fragenden zu privilegierten, dankbaren, teilnehmenden Beobachter*innen.

Isca Wittenberg ergänzte, dass es wichtig sei, den Eltern zu sagen, dass es um die Beobachtung der Beziehungen gehe. Sonst könne die Gefahr bestehen, dass ein*e Entwicklungsberater*in oder Babysitter*in gesucht werde (Wittenberg, 2005 [1997], S. 21).

Diejenigen, die sich melden, reagieren mit freundlicher Bereitschaft, sich und ihr Baby für die Wissenschaft, für die Ausbildung zur Verfügung zu stellen. Sie wollen und können helfen.

In der ersten Kontaktaufnahme, wenn die Eltern den Beobachter*innen gestatten, sie zu einem Vorgespräch zu besuchen, benennen sie die bewussten Gründe deutlich. Darüber hinaus gibt es jedoch auch unbewusste Motive, die in Betracht gezogen werden müssen, wenn wir umfassend verstehen wollen, was die Eltern zur Beobachtung veranlasst. Diese sind eng verknüpft mit der spezifischen Beziehungsgeschichte des Babys mit seinen Eltern.

Die Settingfrage

Buchholz (1988) beschreibt, wie in der therapeutischen Situation »die Homogenität der sozialen Situation«, also das, was typischerweise aus den bisherigen Erfahrungen als Beziehungsregeln erwartet wird, durch »heterogene Momente« verstört wird und diese Störung eine Reaktion erforderlich mache, die unter anderem als »Reflexion auf Motive« bezeichnet wurde (S. 288).

Nun kann nicht genug betont werden, dass es sich in den Erstgesprächen nicht um eine therapeutische Situation handelt, die Eltern nicht durch Deutungshandlungen oder aktiven Umgang mit der Übertragung in die Herstellung einer therapeutischen Ich-Spaltung gebracht werden sollten.

Es ist vielmehr der Anfang einer Arbeitsbeziehung, einer Beziehung, die getragen wird von Respekt, Wohlwollen und Interesse.

Darin bewegen sich sowohl die Eltern als auch die*der Beobachter*in in einem gemeinsamen Feld von sinnlich-atmosphärischen Zuständen, von Erfahrungen und Regeln, die trennen oder verbinden können. In den Erstbegegnungen, wie auch später in den Beobachtungen, sind sie anwesend mit ihrer leiblich-seelischen, mental-psychischen Ganzheit, involviert und mittendrin im Geschehen.

Lazar beschrieb dies als »bewusste mentale Teilnahme an dem zu erforschenden System« und zitierte in einer Fußnote Schütt: »Vorteil der teilnehmenden Beobachtung ist, dass dem Beobachter durch den direkten Kontakt mit dem zu untersuchenden sozio-kulturellen System ein größerer Einblick in dieses gewährt wird« (Lazar, 2015, S. 35).

So formulierte eine Beobachterin die gemeinsame atmosphärische Erfahrung am Ende ihres Gedächtnisprotokolls folgendermaßen: »Wir fassen erstaunt zusammen, wie leicht es ging.«

In einer anderen Erstbegegnung half die Mutter der Beobachterin über die anfängliche Fremdheit und Unsicherheit, ob sie ihre Schuhe ausziehen und die vom Vater angebotenen Pantoffeln annehmen solle, hinweg, indem sie formulierte: »Wir lassen unsere Schuhe auch oft an.« Die Beobachterin schrieb dann von ihrer Erleichterung, denn sie wurde in ein Wir hineingenommen, ohne jedoch ihre Individualität aufgeben zu müssen.

In einem weiteren Protokoll findet sich eine Beschreibung, dass der Vater die Beobachtung als Studie über die körperliche Entwicklung ansehen möchte und in der Beobachterin eine Unsicherheit auftaucht, ob sie zur Beobachtung in die Familie hineingelassen werden wird, wenn sie dieser Haltung widerspricht.

Eine Schwangere nutzte sofort die Erstbegegnung, um über ihre körperlichen Beschwerden zu berichten, in einer Art, wie sie sich auch Helfer*innen aus dem medizinischen Bereich hätte anvertrauen können. Die angehende Beobachterin wies darauf hin, dass sie keine Beratungen anbieten könne, und war verwundert, dass die Mutter dennoch der Beobachtung zustimmte.

»Heterogene Momente« (Buchholz, 1988, S. 289) entstehen durch die besondere Methode der Säuglingsbeobachtung, die geprägt ist von einer Haltung mit empathischer Offenheit und gleichschwebender Aufmerksamkeit, alles an- und aufzunehmen, was sich in der Begegnung mit den werdenden Eltern entwickelt. Gleichzeitig hält sich die*der Besucher*in so weit zurück, wie die analytische Haltung der Abstinenz dies erfordert, aber möglichst ohne die sozialen Kontextregeln so weit zu verändern, dass im Gegenüber zu viel Paranoides auftauchen und einen Abbruch der Beziehung herbeiführen könnte. Wenn sich zum Beispiel eine Mutter gekränkt fühlt, weil ihr angebotener Tee abgelehnt wird, ist es hilfreich, wenn die*der Beobachter*in mit der Mutter über den Sinn der Abstinenz spricht.

Die Erstbegegnung: Was geschieht im Erstgespräch?

Wenn sich Eltern und Beobachter*in vor der Geburt des Babys, meist im Zuhause der Familie, zu einer ersten gemeinsamen Besprechung treffen, haben sie sich aus einem spezifischen Anlass dazu verabredet. Die*Der künftige Beobachter*in erläutert die besondere Methode der teilnehmenden Säuglingsbeobachtung nach Esther Bick und sollte ansonsten keine konkreten Fragen stellen, sondern im Stil des freien Interviews und des empathischen Zuhörens versuchen, eine offene Interaktion und Kommunikation zu etablieren. Und ein erstes Kennenlernen von Eltern und Beobachter*in hilft, ein Arbeitsbündnis zu entwickeln.

Aus der Sicht der*des Beobachtenden ist es das Ziel des Erstgespräches, möglichst klar die Methode der Säuglingsbeobachtung zu erklären und das Setting und die Rahmenbedingungen zu sichern. So können mit den Eltern Absprachen getroffen werden und sie können Verständnisfragen stellen.

Daher ist es sinnvoll, dass bereits das Erstgespräch einer Struktur folgt: Es sollte möglichst im Zuhause der werdenden Eltern stattfinden und beide sollten teilnehmen, damit in dieser offenen Gesprächsatmosphäre klare Vereinbarungen zwischen allen Beteiligten getroffen werden können. Die werdenden Eltern sollen den Raum erhalten, ihre Vorstellungen, Wünsche und Fragen auszudrücken.

Dies kann helfen, dass während der Beobachtung die »Arbeit« der Beobachter*in nicht durch Nachfragen, falsch verstandene Rollenvorstellungen und Ähnliches irritiert wird.

Die Erstgespräche sorgsam zu führen ist notwendig, weil der Kontext der Beobachtungsbesuche von üblichen sozialen Konventionen abweichen kann.

So formulierte eine Mutter, sie stelle es sich schwierig vor, mit der Beobachterin kaum zu sprechen und ihr keinen Kaffee anzubieten, denn normalerweise ginge man ja mit Besuch anders um. Die Antwort der angehenden Beobachterin, dass ihr diese Vorstellung auch zunächst einmal fremd sei, da auch für sie die Beobachtung eine ganz neue Erfahrung darstelle, half dabei, ein Arbeitsbündnis zu entwickeln. Durch diesen offenen Umgang mit eigener Unsicherheit fühlte sich die Mutter, die ihr erstes Kind erwartete, der Beobachterin nahe und in ihrer mütterlichen Unerfahrenheit entlastet.

Das Erstgespräch benötigt, neben dem möglichst klaren Setting, daher eine Atmosphäre, in der Eltern die Gelegenheit erhalten, unbefangen Fragen, Vorstellungen, Befürchtungen äußern zu können. Die*Der Beobachter*in sollte sich als Übertragungsobjekt gebrauchen lassen können. Denn auch wenn die Eltern kein therapeutisches Anliegen haben und sie von der*dem Beobachter*in keine Deutungen erhalten, so vermittelt doch die Andersartigkeit der Begegnung eine Atmosphäre, die neben der Erwachsenenebene infantilem Erleben Raum gibt.

Dies betrifft sowohl Eltern als auch Beobachter*in. Sich wieder in die Position der noch unwissend Lernenden zu begeben kann bei den angehenden Beobachter*innen Unsicherheiten und infantile Ängste reaktivieren. Sich nicht als Expertin bzw. Experte zu präsentieren, Zuflucht in bekannten Theorien zu nehmen, sondern ganz schlicht zu formulieren: »Ich möchte etwas lernen, das könnte mir helfen« kann eine Herausforderung sein. Die psychische Verfasstheit der*des Beobachtenden wird daher auch die Art und Weise mit beeinflussen, wie die erste Begegnung gestaltet wird.

Denn auch die*der zukünftige Beobachter*in kann nicht wissen, wie es in dieser Familie werden, wie sie*er in ihrer*seiner neuen und besonderen Position und Funktion angenommen und gebraucht wird und wie sie*er selbst damit umgehen kann. Im guten Falle wird sie*er im Laufe der Beobachtungen darin Erfahrungen sammeln und lernen, eigenes Erleben von dem des Kindes und der Familie zu entmischen.

Die Bearbeitung des Materials

Über diese erste Begegnung, die stattfinden sollte, bevor das Baby geboren wird, wird ein Gedächtnisprotokoll verfasst, das die*der Beobachter*in dann in der Seminargruppe vorstellt.

Die gemeinsame Beschäftigung mit dem Protokoll dient dazu, Sequenz für Sequenz die Sprachhandlungen von Eltern und Beobachter*in in einen Sinnzusammenhang zu bringen, gemeinsam erste Hypothesen zu entwickeln, wie es diesem speziellen Baby ergehen wird, welche Beziehungsdynamiken sich entfalten könnten. Dabei vermitteln sich mögliche elterliche Fantasien über das Baby sowie Hinweise auf die spezifische Geschichte der Familie, in die das Kind hineingeboren wird.

Unserer Forschungsgruppe fiel auf, dass der sorgfältige Umgang mit dem Erstgespräch eine kurze Tradition hat. Umso wichtiger erscheint uns an dieser Stelle noch einmal zu betonen, dass das von Anfang an in einer Weise geschehen sollte, wie es Maiello (2007, 2015) formulierte. Bei der Niederschrift der Protokolle sollte der Versuchung widerstanden werden, vorschnell Deutungen hineinzuschreiben und vorwegzunehmen. Die Sinnfindung aus dem Material heraus sei Aufgabe der Seminargruppe, welche eine »Metacontainer-Funktion« (Maiello, 2015, S. 52) übernimmt und zusammen mit dem Beobachtungstext auch gleichzeitig das oft komplexe Erleben des Beobachters aufnimmt und reflektiert« (ebd., S. 52). Maiello betont das komplexe Erleben, die Besonderheiten des Lernens durch Erfahrungen, welche die Beobachtenden mit den Eltern, dem Baby und ihrem inneren Kind machen.

Es ist zu vermuten, dass die Zustimmung zur Beobachtung letztendlich kein absichts- oder gedankenloser Service für die Wissenschaft bzw. Ausbildung ist, sondern dass die werdenden Eltern bereits im Erstgespräch ein Gespür dafür entwickeln könnten, dass die Methode der Säuglingsbeobachtung mit ihrem besonderen Setting eine Unterstützung im weitesten Sinne jenseits von sonst üblichen alltagspraktischen Hilfen und Beratungen bieten kann.

Wenn das Setting wie oben beschrieben für alle möglichst klar erfahrbar und verständlich ist, werden im Protokoll die in jeder Interaktion mit einem Gegenüber enthaltenen unbewussten Übertragungsdynamiken und unbewussten Phantasien deutlicher erkennbar.

»Interaktionspartner legen einander aus«, so Buchholz (1988), in jeder Begegnung mit einem Anderen werde ein Kontext hergestellt, der die implizite Erwartung enthält, dass sich in der gemeinsamen Erfahrung das wiederholt, was an Beziehungsmustern bereits erlebt wurde und innerlich abgelagert ist. Die Art der Kommunikation und Interaktion ziele darauf ab, bekannte Beziehungsmuster von Subjekt und Objekt und die damit verknüpften Affekte wiederherzustellen.

Eine Mutter, die Freude, positive Bestätigung empfindet, wenn sie sich fürsorglich um Andere kümmert, könnte dann zum Beispiel eine Beobachtung mit der Überzeugung verbinden, weiterhin Gutes zu tun.

Hypothesen

In unserem Forschungsprojekt entwickelten wir daher folgende Hypothesen, die wir genauer untersuchen wollten:

1. Auf die Bitte einer Beobachtung gehen die Eltern auf einer bewussten, manifesten Ebene, aber auch auf einer latenten, unbewussten Ebene ein, weil sie sich durch das Anliegen angesprochen und berührt fühlen. Bereits vor der Geburt des Babys kann (oder muss) etwas in Gang gesetzt werden, was die Eltern auf einer unbewussten Ebene anspricht und was auch mit ihrer Beziehung zum noch Ungeborenen, ihren Fantasien über das Baby, ihrer Elternfunktionen zu tun hat.

2. Bereits im Erstgespräch kann die*der Beobachter*in in einer Art Stellvertreterposition basale Bedürfnisse des Babys repräsentieren, sodass implizit aus dem Umgang mit ihr*ihm als Person/ihrem*seinem Anliegen auf die Vorstellungen der Eltern bezüglich ihrer Elternschaft geschlossen werden kann. Stellvertretend kann die*der Beobachter*in als Projektionsfläche für primitive Ängste des Babys und der Eltern dienen.

3. Da das Setting etwas spezifisch Neues enthält, was weder Alltagsgespräch noch therapeutische Sitzung ist, könnte das unbewusste Beziehungserleben der inneren elterlichen Objektwelt besonders aktiviert und fassbar werden.

Methodik einer Analyse der Gedächtnisprotokolle

Am Anfang unserer Untersuchung stand zunächst die *methodische* Frage: Können die Protokolle der Erstbegegnungen in genügendem Maße darüber Auskunft geben, was werdende Eltern dazu bewegt, einer Beobachtung zuzustimmen?

Ist der in einer bestimmten Methode gelesene Text geeignet, unbewusste Motive herauszuarbeiten, selbst wenn die*der Beobachter*in bei der Textanalyse nicht anwesend ist?

Lassen sich aus den Gedächtnisprotokollen Hinweise darauf finden, was sich im Gesprächsverlauf zwischen zukünftigen Eltern und einer*einem Beobachter*in auf der bewussten und der Übertragungsebene und inneren Welt der Objektbeziehungen abbildet?

Für die Untersuchungen wurden aus einer Vielzahl von Protokollen schließlich zehn Gedächtnisprotokolle ausgewählt, die ausreichend ergiebig erschienen, um die Hypothesen und Fragen zu erforschen.

Diese Gedächtnisprotokolle bestehen aus Beschreibungen der Atmosphäre, die sich einer*m Besucher*in vermittelte und die mithilfe einer anschaulichen Sprache uns als lesenden Forscherinnen zugänglich gemacht werden konnte. Es fanden sich weitestgehend wertfreie und wertschätzende Darstellungen von szenischen Handlungen sowie lange Zitate von Dialogsequenzen, die häufig in wörtlicher Rede notiert wurden. Des Weiteren enthielten die Protokolle Schilderungen der emotionalen Bewegungen der Eltern sowie der Gegenübertragungsgefühle und Gedanken der zukünftigen Beobachterin.

Strukturelle und inhaltlich-hermeneutische Textanalyse

Es erschien uns sinnvoll, sich dem Textmaterial in mehreren Arbeitsschritten anzunähern: Zunächst las jedes Gruppenmitglied das jeweilige Protokoll und schrieb in einem freien Text den Gesamteindruck nieder, was für Assoziationen/Gedanken (Gegenübertragungen) und Gefühle das Protokoll auslöste. Diese ersten Anmutungen wurden in der Gruppe vorgelesen und diskutiert, und gemeinsam erste Hypothesen entwickelt.

Wir gliederten dann das jeweilige Protokoll in vier Abschnitte zeitlicher Abfolge: Vorgespräch (erste Verbindung), Begrüßung (Zusammenkommen), Gespräch (Zusammensein), Abschied (sich trennen). Dies half uns, klarer Sequenz für Sequenz untersuchen zu können, ob bestimmte Muster in den verschiedenen Szenen der Begegnungen sichtbar werden: im Umgang mit der Beobachterin, dem Umgang mit dem Thema der Beobachtung sowie bei elternbezogenen und bei kindbezogenen Themen.Mithilfe einer Systematik und von Kategorien protokollierten wir die gemeinsam herausgearbeiteten Interpretationen.

Die Anwesenheit einer*eines Beobachtenden im »Feld« eines Paares, welches sich auf seine Elternschaft vorbereitet, ist immer wieder eine einmalige, einzigartige Angelegenheit. Aber durch die Untersuchung von zehn Protokollen dieser Begegnungen ließen sich Abläufe herausarbeiten, die sich ähnelten.

Denn Wiederholungen zwischen einzelnen Protokollen, aber auch innerhalb eines Protokolls zeigten, dass in den Interaktionen zwischen den Eltern sowie den Eltern und der Beobachterin die oben genannten Themen auftraten, unabhängig davon, von welchem Erleben und welchen Zuständen, angefangen von besonderer Unsicherheit über Angst, Fremdheit oder Intimität und Nähe bis hin zu Fusion, sie geprägt waren.

Indem wir nach Mustern suchten, gelang es uns, Entwicklungen der Dynamiken zwischen den einzelnen Interaktionspartner*innen nachvollziehen zu können.

Die Gedächtnisprotokolle der Erstgespräche folgten häufig einer Chronologie. Zunächst werden die Besucherinnen, wie es den sozialen Konventionen entspricht, freundlich begrüßt und bewirtet. Oft gibt es anfängliche Unsicherheiten und Gefühle der Fremdheit auf beiden Seiten und Rückgriffe auf konventionelle Interaktionsmuster. Immer konnten sich ähnelnde Sequenzen in den Texten gefunden werden, die den Übergang vom ersten Zusammenkommen zum Zusammensein, in dem bedeutsame Mitteilungen gemacht werden, darstellen. Das besondere Setting des Erstgespräches fördert eine Atmosphäre, in der die Eltern, wenn es gelingt Vertrauen zu schaffen, mehr von sich offenbaren als in einem üblichen Alltagsgespräch.

Nachdem entweder mit manifesten Schilderungen oder atmosphärisch spürbar die bevorstehende Geburt zum Thema wurde, wurde meist die Verabschiedung eingeleitet.

Auf der Suche nach »Wortbildern« und »Kernsätzen«: Was uns der Text mitteilen kann

Wir richteten unseren Fokus auf verschiedene Arten prägnanter Formulierungen, die zum einen Irritationen auslösten: »Sind Sie eine richtige Psychologin?«, »Was wäre, wenn das Kind behindert ist?«, »Erstarrst du zur Salzsäule, wenn das Kind auf dich zuläuft?«. Oder auf Aussagen wie »Das Kind frisst mich auf«,

»Ich werde dem Kind die Wahrheit (über dich) sagen«, »Da kann man nichts machen«.

Andere Formulierungen waren bildhafte Beschreibungen, sogenannte »Wortbilder« (R. Klein), die sinnlich-symbolischen Interaktionsformen entsprechen, über die Bewusstes und Unbewusstes miteinander in Verbindung treten und die in Form von Metaphern oder als szenische Arrangements im Text unbewussten Sinngehalt transportieren (R. Klein, 2004, S. 627).

Manchmal handelte es sich um Assoziationen der Verfasserinnen. Ein anderes Mal fanden sich spezifische Gesten und Handlungen der Eltern, die uns bedeutsam erschienen.

Zum anderen suchten wir in unserer Auswertung der Gedächtnisprotokolle nach szenischen Sequenzen und sprachlichen Wendungen, die als »Kernsätze« bekannt sind:

> »[S]ie bringen auf den Punkt was besprochen wurde und schließen eine Diskussionsphase ab [...]. Der Sprecher, die Sprecherin findet plötzlich, nach längerem Kreisen um einen Aspekt ein zusammenfassendes Bild, eine treffende Formulierung, einen prägnanten Ausdruck, mit dem er sich dann zufrieden gibt, als habe sich darin eine Spannung gelöst« (Löchl, 1997, S. 64).

Auch in den Gedächtnisprotokollen wurde eine plötzliche Veränderung in der Gesprächsatmosphäre, ein plötzlicher Wechsel oder der Abschluss des Themas über einen Satz sichtbar.

Diese Wechsel, welche stets eine Sequenz abschlossen oder atmosphärisch die Begegnung in eine neue Richtung brachten, unabhängig davon, ob sie Spannungen mildern oder aufbauen konnten, vermittelten uns, als lesende Forscherinnen, ein Gefühl von Evidenz, einer Ahnung über mögliche unbewusste Motive.

In einem Erstgespräch vermittelte sich der Umschwung in der Atmosphäre, nachdem die Mutter zunächst sehr sachlich über die Beobachtung, die Pläne für die anstehende Entbindung gesprochen hatte und dann erklärte, warum sie nicht im Krankenhaus entbinden wolle: »›[M]ein Vati ist kürzlich im Krankenhaus verstorben.‹ Stille im Raum. Unsere Blicke treffen sich, als sie wieder hochschaut [...]. Ich frage nicht nach und nicke ganz leicht ihr zu.« Nach dieser vertrauensvollen Mitteilung kann die Beobachterin die Mutter emotional in ihrem Blick halten und damit wahrnehmen, »wie blass die Mutter ist«. Die Mutter beginnt daraufhin von ihren körperlichen Beschwerden in der Schwangerschaft zu erzählen.

»Memories in feelings«[3]: Die Rolle der Gruppe und ihrer Teilnehmerinnen

Wir haben es bei den Texten mit der Besonderheit zu tun, dass sie nicht als Transkript, sondern als Narrativ einer Begegnung verfasst sind.

Als Gedächtnisprotokolle enthalten sie Unschärfen, Ungenauigkeiten hinsichtlich des Gesagten, bewusste Auslassungen, Lücken durch Vergessen, Übertreibungen und Untertreibungen, die für die Interpretation berücksichtigt werden müssen.

In unserem Fall befassten wir uns mit der »Geschichte einer Begegnung«, die uns der Text des Protokolls erzählte. Da wir uns dafür entschieden hatten, die Verfasser*innen nicht zu befragen und in die Diskussion einzubeziehen, war es besonders wichtig, sich intensiv mit dem Geschriebenen zu befassen, aus dem Gesamtbild der Erzählung die Atmosphäre auf sich wirken zu lassen und in der Gruppe darüber zu sprechen.

Als Forschungsgruppe befanden wir uns in einem besonderen Zustand des Nicht-Wissens, sodass wir uns in der Diskussion darum bemühen mussten, uns nicht verführen zu lassen, die Suche nach dem latent vermittelten Sinn durch den Rückgriff auf theoretisches Wissen und voreilige Deutungen abzukürzen. Sondern es galt, diesen Zustand eine ganze Weile auszuhalten und immer wieder eigene Assoziationen, Gefühle, Fantasien, die der Text in uns auslöste, uns gegenseitig mitzuteilen.

Dafür erschien es hilfreich, uns auf die »goldenen Regeln« von Esther Bick zu besinnen: »Ich weiß nichts, die genaue Beobachtung wird mich lehren«, also möglichst ohne Vorannahmen an die Gedächtnisprotokolle heranzugehen, sich emotional einzulassen, bis eine Ahnung, ein erstes Verstehen, ein Gedanke auftauchte.

Wobei für uns das zentrale Moment darin bestand, mithilfe des Containments der Gruppe aus den je eigenen mental-emotionalen Anteilen ein gemeinsames Gefühl von Evidenz zu entwickeln, um uns damit den unbewussten Phantasien anzunähern.

Dabei reflektierten wir auch, wie unsere Beiträge durch eigene biografische (Früh-)Erfahrungen beeinflusst wurden.

---

3   Dieser feststehende Begriff wurde von M. Klein u. a. in »Envy and Gratitude« (1957) in einer Fußnote verwendet und erläutert; in der deutschen Übersetzung durch Elisabeth Vorspohl (2000) wurde dies als »in Gefühl eingebundene Erinnerungen« übersetzt (S. 288).

Dementsprechend waren die ersten Assoziationen der Gruppenteilnehmerinnen recht unterschiedlich, was uns nützte, um aus der Breite der verschiedenen Perspektiven zunehmend vordringen zu können zu den latenten/abgewehrten Bedürfnissen.

So konnten wir den Weg, wie die Gruppe die Dynamik der Begegnung aus einem Protokoll erfasste, anhand unserer unterschiedlich formulierten Ersteindrücke nachvollziehen. Manche Gruppenteilnehmerinnen fokussierten zunächst auf eine phänomenologische Beschreibung: »Die Mutter braucht eine Unterstützung von außen, denn es gibt viele Belastungen und Unruhe«, »Ihr Mann bringt die Zuversicht mit rein«, »Die Mutter vertraut ihre Ängste an, aber sie möchte sich nicht zeitlich festlegen und damit binden«, um dann Anmutungen über Emotionen mitzuteilen: »In der Mutter scheint eine große Unruhe zu sein, sie könnte Angst vor der Abhängigkeit haben. Das Nachdenken über das Baby könnte ihr schwerfallen.« »Die Beobachterin könnte sich als lästiger Eindringling fühlen.«

Eine andere Teilnehmerin brachte den Gedanken ein, dass die Mutter die Frage bewegt: »Darf ich sein, wie ich bin?«

Was schließlich zur Beschreibung des Bedürfnisses führte: »Die Mutter sucht jemanden, der das Baby wirklich verstehen möchte.«

Die Ebenen der Begegnung

Wenn wir wie Sandner (1988) davon ausgehen, dass die Welt der unbewussten Phantasien die »Kernfrage der Psychoanalyse« ist, benötigen wir ein »Instrumentarium« für das, *was* sich zwischen den werdenden Eltern und der*dem Beobachter*in auf der gemeinsamen inneren Bühne abgespielt hat.

Dafür nutzten wir die Protokolle der Gruppendiskussion. Wir führten entsprechend unseres objektbeziehungstheoretischen Verständnisses vier Begegnungsebenen ein, die gleichzeitig wirksam sind.

1. Ebene im Hier und Jetzt: Begegnung zwischen Realpersonen und deren reifen Ich-Anteilen. Sie verständigen sich über Dinge der äußeren Welt, hier die Modalitäten der Beobachtung. Auf dieser Ebene wird das Arbeitsbündnis geschlossen.
2. Ebene im Dort und Damals: Begegnung zwischen Übertragungsfiguren als ganze Objekte der inneren Welt, gebildet aus Beziehungserfahrungen. Das äußere Objekt wird im Übertragungserleben angereichert mit Bedeutungen, die aus Vorerfahrungen mit den primären Objekten entstanden sind. In der

Begegnung zwischen Eltern und Beobachter*in kann diese Beziehung im Als-ob-Modus symbolisiert oder auch konkretistisch ausagiert werden.

3. Ebene Hier und Jetzt: Begegnung der inneren Objekte der inneren Welt. Diese können auch teilobjekthaft oder entlang ihrer Funktionen in der inneren Welt erlebt werden. Die inneren Objekte sind gebildet aus unbewussten Phantasien, die alles körperliche und psychische Erleben begleiten. Die Begegnung zwischen Eltern und Beobachter*in reaktiviert unbewusste Phantasien, Beziehungsmuster, die aus Erfahrungen früher infantiler Zustände entstanden sind.

4. Ebene Dort und Damals der äußeren Welt als biografische Reinszenierung: In der Begegnung werden Erlebnisse aus der Vergangenheit als szenische Ereignisse unbewusst oder teilbewusst reinszeniert, so wie es damals war in der Biografie der Beziehungserfahrungen mit der äußeren Welt der Objekte.

Unsere Ergebnisse

Das Thema der Bedürftigkeit tauchte in mehreren Protokollen immer wieder auf, wird aber in verschiedenen Varianten durch die Eltern ausgedrückt und mit den Beobachter*innen »verhandelt«. Häufig wurde an die Beobachterin der indirekte Wunsch gerichtet: Hilf uns im Übergang in die zunächst fremde Identität der Elternschaft.

Besonders die zweite und dritte Ebene der Begegnungen halfen uns, Bedürfnisse und Beziehungswünsche herauszuarbeiten.

Die*Der Beobachter*in als Übertragungsfigur: Reinszenierungen aus dem Dort und Damals

Eine Mutter suchte in der Beobachterin eine neue Autoritätsfigur, die alles weiß und bestimmt und ihr dadurch Orientierung bietet, denn sie schien bisher die Erfahrung gemacht zu haben, sich gegenüber ihrem mütterlichen Objekt als die Unwissende und Machtlose unterwerfen zu müssen. Aus dem Erstgespräch vermittelte sich jedoch auch die Hoffnung, dass es, jenseits dieser Übertragung, auch anders gehen kann und Erfahrungen mit einer wertschätzenden Figur möglich sind. Es entstand der Eindruck, dass die Mutter einerseits eine Expertin in Entwicklungsfragen suchte. Besonders brauchte sie jedoch eine Verbündete an ihrer Seite, welche sie in ihrer mütterlichen Funktion anerkennt und fördert.

Ein männlicher Beobachter wurde vom Vater als männliche Identifikations-figur für seine Vaterrolle im Sinne von »Geht es dir da wie mir?« gesucht.

Die Mutter agierte ihre Beziehungserfahrungen, verlassen zu werden, da sie sich wie eine Zumutung für das mütterliche Objekt erlebte, in provokanter Weise aus. Dahinter stand das Bedürfnis nach einer Übertragungsfigur, die ausreichend robust und belastbar ist. Sie suchte eine*n helfende*n Andere*n, die*der sie nicht verwirft, sondern aushält, Ungewissheiten mildert und die Hoffnung in die Ent-wicklungskraft und Robustheit des Babys und ihrer Elternschaft vermittelt.

»Gehen Sie überall mit hin?«, fragte eine Mutter und erklärte, dass sie gern spontan unterwegs sei. Mit spürbarem Unbehagen reagierte sie auf die Reali-sierung von Abhängigkeit, die sowohl ihr Baby als auch sie betrifft. Denn ihre Frage an die Beobachterin verstanden wir als symbolische Erkundung des Über-tragungsobjektes: Bist du jemand, der mich hält, mich begleitet? Oder werde ich verlassen, wenn es schwierig wird und ich meinen eigenen Weg gehen möchte? Sie drückte ihren Wunsch nach einer belastbaren und flexiblen Übertragungsfigur aus, die Nähe und Distanz regulieren hilft, Unterstützung anbietet, ohne aber zu kontrollieren. Die Antwort der Beobachterin »Ich brauche die Möglichkeit, das Kind im Blick zu haben« erlebte die Mutter als entlastend. Die Atmosphäre ent-spannte sich, da ihr durch diese verbindliche und gleichzeitig bittende Haltung vermittelt wurde: Es gibt einen Weg, sich auf die jeweiligen Bedürfnisse der Be-teiligten einer Beziehung einzuschwingen, ohne dass einer kontrolliert, eingeengt oder verlassen wird.

So konnte die Mutter eine ich-reife elterliche Position einnehmen, sie klärte mit der Beobachterin das Setting (»Muss es ein bestimmter Tag sein?«) und ar-beitete gemeinsam mit ihr an einer Vereinbarung.

Formen latenter Beziehungswünsche

1. Fusion als latenter Beziehungswunsch

Eine Beobachterin formulierte: »Plötzlich betrete ich eine andere Welt« – und zeigte mit dieser bildhaften Formulierung, wie erfasst sie von der Idylle war, wel-che sich die Mutter geschaffen hatte. Sehr lebendig und bildreich beschrieb sie die heimelige Atmosphäre der Wohnung, die durch den Gegensatz zur kalten und kargen Außenwelt den krassen Gegensatz zwischen Innen und Außen ausdrückt.

Die Metapher der Idylle erschien uns hier als ein erster Hinweis auf eine fusionär dyadische Art der Beziehungsgestaltung. Denn durch die wiederholten Schilderungen der heimeligen, idyllischen Atmosphäre, der Handlungen von Mutter und Beobachterin vermittelte sich für uns als außenstehende forschende Leserinnen der Eindruck, dass die Beobachterin ganz hineingezogen in die mütterliche Welt schien.

Die Mutter hatte sie eintreten lassen, ihr den Zugang gestattet; die Beobachterin könnte aber auch mit der Wortwahl betreten ausdrücken, dass sie unsicher ist, ob sie sich unrechtmäßig Zugang verschafft hat. Dann muss sie besonders mitschwingen im Gleichklang, um nicht ausgestoßen zu werden. Diese andere Welt hat eine Faszination, es ist nichts mehr zu spüren von der Angst als Fremde, Andere, die die neue Erfahrung der Beobachtung und der Mutterschaft auch auslösen könnte. Denn wenn das Baby/die Beobachterin als fusionäres Selbstobjekt wahrgenommen wird, gibt es auch keine Getrenntheit und kein »Fremdes«. Diese Gedanken tauchten allmählich in der Seminargruppe auf. Durch die Analyse der manifesten Schilderung kam allmählich zum Vorschein, dass die gastfreundliche Mutter, die offen für die Beobachtung ihres Babys war, einen latenten Beziehungswunsch nach einer fusionären Dyade hatte. Unser Eindruck war, dass die Beobachterin diesem Wunsch nachkam und dadurch die dritte Position schwer einnehmen konnte. Da sie wiederholt schwärmend die warme schöne Innenwelt beschrieb, vermuteten wir, dass sie in Stellvertreterposition des Babys geriet, das, wie die Mutter später mitteilte, zuerst nicht erwünscht und von Abtreibung bedroht war.

2. Wiedergutmachung – ein symbiotischer Beziehungswunsch

In einer anderen Erstbegegnung schreibt die Beobachterin von »betretenem Schweigen«, nachdem man lebhaft miteinander im Gespräch gewesen war. Dann machte der Vater wiederholt die Bemerkung: »Dann können wir ja Geld dafür nehmen.« Daraufhin fühlte sich die Beobachterin verunsichert und es vermittelte sich ein Umschwung in der Gesprächsatmosphäre. Eine plötzlich verlegene Stimmung trat auf, in der sich die Mutter für ihren Partner zu schämen schien.

Die Beobachterin schwieg nach der dreifachen Geldbemerkung des Vaters und hatte eine Erinnerungslücke, was für heftige Affekte, welche zu Denkhemmungen führen, sprechen könnte.

In dem Moment brach der innere mentale Raum, die Triade der Begegnung zusammen. Daher konnte sich die Beobachterin nicht mehr als getrenntes, selbstständig denkendes Wesen erleben und verstand nicht, dass die Geldbemerkung des Vaters nicht wirklich konkret gemeint war. (Sie besuchte sogar ein zweites Mal die Eltern, um klarzustellen, dass sie kein Geld bezahlen werde.)

Die Scham über die Position des abhängigen, bedürftigen Kindes wurde hier in der Beobachterin untergebracht. So wie die Beobachterin diente auch das Baby scheinbar der Bedürfnisbefriedigung der Eltern. Die »Geldquelle« sollte hier auf symbolischer Ebene vermutlich als Quelle für die Wiedergutmachung für schwierige Gefühle und Enttäuschung dienen. Die Eltern konnten sich auf dieses zweite Baby nur schwer einlassen, auch war sein Geschlecht »falsch« und resigniert äußerte die Mutter: »Da kann man nichts machen.« Aber sie machen jetzt »das Beste aus der Situation«, vermutlich indem das Baby der Mutter zur Verarbeitung der traumatischen Erfahrungen der Frühgeburt des ersten Kindes verhelfen sollte, indem es sie zur »normalen Mutter« macht. Dies könnte der »Preis« sein, welchen das Baby/die Beobachterin an die Eltern zahlen sollten. Besonders der Vater zeigte durch seine Bemerkung seine bedürftig-infantile Seite. Er schien mit seinem Witz auszudrücken, dass es in seinem Beziehungserleben ausgeglichen zugehen müsse: Wenn man etwas gibt, muss auch etwas zurückkommen.

3. Die*Der Beobachter*in als hilfreiche*r Dritte*r – ein kommensaler[4] Beziehungswunsch

Bereits vor dem Gespräch hatte eine andere Beobachterin die Befürchtung, dass es »beschwerlich« werden könnte für die Eltern. Der Vater brachte die Affekte mit ins Gespräch: Er formulierte Nöte und Ängste. Zitat: »Könnten wir am Ende der Beobachtung eine Reflexion von Ihnen bekommen? Unsere Angst ist nämlich, dass wir unserer großen Tochter nicht mehr gerecht werden.« Die Sorgen, dass das neugeborene Baby mit seinen Bedürfnissen dem bereits anwesende Kind etwas nehmen könnte, konnten hier mentalisiert und ausgesprochen werden.

Die Mutter dagegen betrachtete die Beobachtung als »empirische Studie«, denn sie suchte zunächst in der Beobachterin die Kollegin, die kongruente Beziehung mit ihr. Der Vater hatte in dieser Situation weniger Bedenken, sich auch mit seinem bedürftigen Anteil in der Triade zu identifizieren. Somit ermöglichte er es der Mutter, zuerst mehr in die emotional distanzierte »forschende« Position zu gehen. Durch und in der Anwesenheit der Beobachterin gelang es, die Triade zu etablieren. Diese verhalf allen Beteiligten dazu, weiter gemeinsam nachdenken und fühlen zu können.

---

4 Bion (2009 [2006]): »[A]ls kommensal bezeichne ich eine Beziehung, in der zwei Objekte ein drittes teilen und zwar zum Vorteil aller drei« (S. 110).

4. Die*Der Beobachter*in als Entwicklungsobjekt im Übergang von der Adoleszenz in die Elternschaft

Ein weiteres Protokoll interpretierten wir folgendermaßen: Eine erfahrene Frau berät ein Paar, das ihr zunächst wie Adoleszente erschien. Die Eltern suchen Halt, eine Wissende, welche hilft zu verstehen. Sie haben zu viel Angst, ihre Identität zu verlieren: Was ist, wenn die berufliche Tätigkeit und ihr berufliches Wissen der Mutter nicht weiterhilft in ihren mütterlichen Funktionen? Ängste werden beschrieben: nicht zu verstehen, sich in der ungewohnten Funktion der Elternschaft zu »verlieren«. Im Gesprächsverlauf vermittelte sich, dass die Beobachterin den Eltern die Fähigkeit zur Reifung, eigenen Identitätsentwicklung und Übernahme von Verantwortung zutraut.

Die Eltern können um Hilfe bitten und finden in der Beobachterin als Übertragungsfigur eine ich-stützende Mutterfigur, die ihre Erfahrung freimütig zur Verfügung stellt. Das mütterliche Objekt in den Eltern verfügt über emotionales Wissen (im Sinne von Bions K- knowledge; Bion, 1990 [1962]), welches nährend weitergegeben wird und nicht neidisch angegriffen werden muss. Die Angst vor dem Verlust der eigenen Identitäten hat nichts Paranoides.

Die Getrenntheit wird nicht als Ausschluss und Verwerfung erlebt, sondern als Entwicklungschance in der hergestellten Triade. Die Erfahrung mit dem inneren und äußeren Objekt zeigt: Wenn ich mich abhängig zeige, werde ich nicht verworfen, das Objekt kann frustrieren, ohne völlig auszuschließen. Auch wenn die Elternschaft regressive Tendenzen und Erschütterungen auslöst, können Differenzen, Nicht-Wissen, die Abhängigkeit und damit verbundene Enttäuschungen ertragen werden.

So bleibt die Erfahrung im mentalen Raum und kann gefühlt und gedacht werden. Die Eltern befinden sich in der »depressiven Position« (Klein), welche von Besorgnis, Verstehenwollen und dem Wunsch, verstanden zu werden, geleitet wird.

Die aufgeweichten Grenzen der Identitäten konnten mithilfe der Beobachterin so gestaltet werden, dass es nicht zur Fusion kam, sondern die Position des strukturierenden Dritten von allen in den unterschiedlichen Szenen übernommen werden konnte.

5. Die*Der Beobachter*in in der Holding-Funktion

Nachdem Eltern ihre Ängste geäußert hatten, sie wüssten nicht, »ob alles ganz normal wird«, und sie von den Belastungen, den Schmerzen und dem Schreien des ersten Kindes erzählt hatten, formulierte eine Beobachterin: »Das kann man verstehen.« Sie vermittelte den Eltern: Ich kann mich empathisch einfühlen. Nach dieser einfachen Bemerkung konnte sich das gemeinsame Gespräch dann dem Thema Beobachtung zuwenden.

Im weiteren Gesprächsverlauf wurde deutlich, dass die Eltern sinngemäß ausdrücken konnten: Wir haben verstanden, ein Baby benötigt Menschen, die sich einfühlen und es verstehen wollen.

Wie das Erstgespräch die triadische Konstellation in der Familie unterstützen kann

Wenn sich Mütter und Väter zu »denkenden« Eltern im Sinne der Alpha-Funktion[5] entwickeln, so setzt dies voraus, dass ihnen ein innerer Denkraum, ein mentaler Container zur Verfügung steht.

Ronald Britton (1998) formulierte, dass die Anerkennung der Elternbeziehung erst dazu führe, dass sich ein triangulärer Raum entfalten kann:

> »Indem das Kind die Beziehung der Eltern anerkennt, wird seine psychische Welt zu einer einzigen, umgrenzten Welt zusammengeschlossen, die es mit beiden Eltern teilt und in der verschiedenartige Objektbeziehungen möglich sind. Die Schließung des ödipalen Dreiecks durch die Anerkennung der Verbindung, welche die Eltern miteinander vereint, ermöglicht eine Abgrenzung der inneren Welt. Sie lässt einen triangulären Raum entstehen« (Britton, 1998, S. 98).

Unabhängig davon, welche Rolle/Aufgabe der*dem Beobachter*in bewusst und unbewusst zugeschrieben wird, entsteht somit durch die Konstellation von Dreien, Eltern (Mutter/Vater) – Baby – Beobachter*in, eine Triade, das heißt ein potenzieller Raum, der zum fühlenden Nachdenken, zur träumerischen Reverie genutzt werden kann.

Durch die Anwesenheit des*der Beobachter*in als Dritte kann sich bereits im ersten Kontakt, vor der Geburt des Kindes, die Triade entfalten, denn der*die Beobachterin repräsentiert durch ihre Situation zunächst auch das abhängige Baby.

---

5 Bion (1990): »[E]s erscheint zweckmäßig, eine Alphafunktion anzunehmen, welche die Sinneseindrücke in Alpha-Elemente umwandelt und somit die Psyche mit Material für Traumgedanken versorgt und zugleich mit der Fähigkeit, aufzuwachen oder einzuschlafen, bewusst oder unbewusst zu sein« (S. 231).

Indem die Beobachter*in in der Position des*der Bittstellenden den Eltern gegenübertritt, steht er*sie in der Kindposition und die Eltern können im Umgang mit ihm*ihr in einer Art Probehandeln erfahren: Wie gehen wir mit dem*der abhängigen, ausgeschlossenen Dritten um, was löst die Abhängigkeit ins uns aus? Und wie fühlen wir uns in dieser Position in der gemeinsamen Triadenbildung?

Wir nehmen an, dass sich in der ersten Begegnung, wenn das Anliegen der Beobachtung an die Eltern herangetragen wird, darin bereits ein Angebot liegt, die triadische Konstellation zu nutzen. In der Kindposition können sie sich mit ihren Ängsten und Unsicherheiten an die*den Dritte*n wenden.

In der Position als Mutter und Vater können sie Überzeugungen und Absichten äußern, das abhängige Kind versorgen oder in der väterlichen Position strukturbildend sein.

»Auf der Suche nach einer Position in der Triade«

Abschließend soll am Beispiel eines Protokolls die Wirkung des Erstgesprächs auf die Triadenbildung beschrieben werden und das prinzipiell entwicklungsförderliche Setting der Säuglingsbeobachtung, hier durch das Erstgespräch, unterstrichen werden.

1. Ebene: Begegnung im Hier und Jetzt

Elternpaar A. und Beobachter T. treffen sich als drei Erwachsene und tauschen sich über Babys, die Modalitäten der Beobachtung, die Person des Beobachters aus. Es entsteht der Eindruck einer sehr lebendigen Begegnung. In einer offenen Atmosphäre nutzen die Eltern den Raum für ihre Fragen (»Wer bist du?«, »Was kannst du?«, »Worum geht es hier?«). Es gibt ein Interesse, den Anderen kennenzulernen. Sie trauen sich, Meinungen zu äußern und Positionen darzulegen. Der Beobachter wird willkommen geheißen und bewirtet. Die Eltern haben viele Fragen an ihn und äußern klare Haltungen und Erwartungen.

Wichtig erscheint das Gefühl der Gemeinsamkeit zu sein.

Dieses Gefühl der Gemeinsamkeit ermöglicht es, den Raum zu öffnen, die Begegnung entwickelt sich von anfänglicher Unsicherheit in eine Richtung, dass sich alle drei in ihren Positionen genügend gesichert fühlen. So wendet sich das Gespräch dem eigentlichen Fokus ihres Zusammentreffens zu: über das Anliegen der Babybeobachtung zu sprechen. Der Beobachter exploriert noch einmal das

Interesse der Eltern, deren Vorstellungen einer Beobachtung, erläutert die Verbindung zu seiner Ausbildung als Kinderanalytiker. Er erklärt, was eine Beobachtung ist und was sie nicht ist.

2. Ebene: Die Übertragung

Wenn wir annehmen, dass sich im Gesprächskontakt zwischen Beobachter*in und Eltern immer auch unbewusste Übertragungsbeziehungen in Szene setzen, so gestalten sich in diesem Erstgespräch Situationen, in denen Beobachter und werdende Eltern ihre Positionen und Funktionen im triadischen Raum erkunden.

Im Beobachter löst das offen gezeigte Interesse an der Beobachtung sofort den Gedanken aus, er müsse »Erwartungen eindämmen«.

Unklar bleibt zunächst, um wessen Erwartungen es sich handelt. Der Beobachter bringt hier vermutlich eigene Unsicherheiten mit hinein.

Zum Erstgespräch trifft er auf ein freundliches Elternpaar, das ihn herzlich willkommen heißt. Die Frau bietet Tee oder Kaffee an, zeigt sich enttäuscht von der Ablehnung, die aus dem Gedanken des zukünftigen Beobachters entstand, keine Umstände machen zu wollen.

Ihr Mann hilft, indem er auch um einen Kaffee bittet, denn er spürt die Verunsicherung, einerseits keine Umstände machen, aber andererseits auch nicht kränken zu wollen. Dadurch kann der Beobachter auch etwas annehmen. Eine erste Verbindung ist entstanden, die Angst, dass Erwartungen nicht erfüllt werden, Beteiligte leer ausgehen scheint erst einmal gemildert.

Der Beobachter ist hier mit einem noch unsicheren Baby identifiziert, das seiner Mutter nicht durch zu viel Belastungen schaden möchte; es möchte die Mutter aber auch nicht kränken. Da übernimmt der Vater die Funktion eines hilfreichen Dritten, er vermittelt: Du kannst ruhig annehmen, was dir angeboten wird. Der Beobachter zeigt hier die innere Flexibilität, dass er annehmen kann, was ihm angeboten wird. Er hat gespürt, dass die Mutter in einem inneren Zustand ist, in dem sie gerne versorgen möchte. Möglicherweise auch in einem Zustand der Überzeugung, dass sie versorgen muss.

Die Gekränktheit der Mutter lässt eine Unsicherheit in der für sie noch unbekannten Rolle als versorgende Mutter vermuten. Sie kann dann gemildert werden, wenn der Beobachter wohlwollend damit umgeht und in Stellvertretung des Babys dankbar annimmt, was er von den Eltern erhält. Sie erleben: Wir können einem von uns abhängigen Wesen etwas geben und so fühlen wir uns, wenn dies angenommen wird.

In der Position des unsicheren, abhängigen Babys könnte der Beobachter den Eltern vermitteln, dass es in Ordnung ist, auf den Anderen angewiesen zu sein. Unsicherheit, Nicht-Wissen ist in Ordnung. So bringt jetzt der Beobachter – durch seine Position des Bittstellers – eine Möglichkeit, sich mit dem bedürftigen Kind zu identifizieren, in die Begegnung hinein.

Denn gleich taucht die nächste Enttäuschung auf: Der Beobachter kann sich zuerst nicht mehr an die Eltern erinnern, aber es ist ihm sehr wichtig, die Verantwortung für das Vergessen auf sich zu nehmen. Keinesfalls soll der Eindruck entstehen, die Eltern wären nicht in der Lage, eine Erinnerungsspur im Gegenüber zu legen, wären unbedeutend. Auch hier soll das Ausmaß der Enttäuschung gemildert werden.

War es zuerst der Beobachter, so erscheinen jetzt die Eltern in der Position der Bedürftigen. So wie auch das Kind darauf angewiesen ist, versorgt und nicht vergessen zu werden, seinen Platz zu haben, im inneren, mentalen Raum der Eltern.

In diesem Moment übernimmt der Beobachter die Elternfunktion.

Wir können vermuten, dass sich mit dem Beobachter Beziehungserfahrungen reinszenieren, in denen sich das elterliche Übertragungsobjekt aus dem Dort und Damals einerseits als wohlwollend und offen zeigt, wenn Bedürfnisse auftauchen und Wünsche an das Objekt herangetragen werden. Lässt sich jedoch keine Gemeinsamkeit herstellen, so wird es kritisch und die Stimmung wandelt sich. Gefühle von narzisstischer Kränkung tauchen auf, und Zurückweisungen werden möglicherweise als bösartige Verweigerung erlebt. Dies führt dazu, dass sich der Beobachter als versagende Elternfigur veranlasst fühlt, zu beschwichtigen, die elterlichen Erwartungen zu schmälern, denn dann kann auch die Enttäuschungs-Wut gelindert werden.

Die Stimmung wandelt sich, als ein Gefühl von Gemeinsamkeit auftaucht. Eine Elternfigur versteht und bestätigt ihre Wahrnehmungen.

Mithilfe dieser Beruhigung trauen sich die werdenden Eltern, dem Beobachter ganz genau zu befragen, was er kann, wie erfahren er ist, wie solide sein »Projekt« Säuglingsbeobachtung ist. Im Als-ob-Modus repräsentiert hier der Beobachter eine Elternfigur, an die sich ein zunächst unsicheres Kind wenden kann. Es muss herausfinden, ob es mit einer hilfreichen, zuverlässigen Mutter/Vater-Figur zu tun hat.

Die Unsicherheiten der Eltern dürfen sich zeigen im Agieren des vielen Fragens. Wie eine wohlwollende Elternfigur geht der Beobachter mit den drängenden Fragen um, denn er spürt die Ängste und Unsicherheiten, versteht, dass er erkundet und geprüft werden muss. Seine souveräne und offene Art, in der es im Besonderen auch keine Angst davor gibt, Nicht-Wissen einzugestehen, hilft den Eltern.

Wenn in ihrer infantilen Position mithilfe des väterlichen Übertragungsobjektes Ängste gemildert werden und Vertrauen entstehen kann, so können die Eltern beginnen, sich in ihrer neuen Rolle sicherer zu fühlen.

Und auch der Beobachter ist noch ganz unsicher in seiner neuen Rolle.

Daher ist er auch über sich selbst verwundert, dass er mit tiefer Überzeugung den zukünftigen Eltern versichert: »Eine Beobachtung hat keine negativen Folgen.«

Und auch hier kann er als hilfreiches Übertragungsobjekt angesehen werden. Denn gerade dadurch, dass er seine eigene Unsicherheit spüren kann, einen Zugang zur negativen Kapazität erhält, das Nicht-Wissen auszuhalten, wie Bion es nannte, kann er den auch unsicheren Eltern die Hoffnung vermitteln: Wir schaffen das schon, auch wenn wir noch gar nicht wissen, wie es werden wird zwischen uns Eltern und dem Baby.

Jetzt ist er in eine Position gelangt, die der zuversichtlichen, haltgebenden Elternfiguren in der Triade entspricht. Dies ermutigt wiederum die Eltern, sich in dieser Position mit gemilderten Ängsten auszuprobieren.

Die Äußerungen der Mutter: »Ich werde dem Baby die Wahrheit sagen« sowie die des Vaters: »Du als Beobachter sitzt ja nur passiv da und tust nichts« verstanden wir als Kernsätze, in welchen sich ihre Übertragungsbeziehungen in der Triade ausdrücken. Jetzt kann die Mutter in die Position gehen, dass sie Verantwortung übernimmt, sie kann Entscheidungen treffen darüber, was richtig oder falsch, gut oder böse ist. Welche Wahrheit sie meint, können wir nur vermuten. Sie spricht auf der bewussten Ebene davon, dass der Beobachter ja nur wegen des Babys komme. Die Sicherheit, mit welcher der Beobachter äußerte, das Baby erfahre vermutlich eine Wertschätzung durch die Beobachtung und nehme keinen Schaden, aber gleichzeitig die Anerkennung des Nicht-Wissens, er müsse selbst noch die Erfahrung machen, wird der Mutter geholfen haben, auch Verantwortung für eine Überzeugung, einen eigenen Gedanken zu übernehmen.

Der Vater kann ebenfalls eine Überzeugung formulieren. Auch hier bleibt es offen, was er genau damit meinen könnte. Er stellt fest: In der Position des Passiven bist du keine Bedrohung. Du bist in der Position des passiven, abhängigen Babys.

Möglicherweise handelt es sich auch um eine verleugnete Angst, der Beobachter könnte in die Position des Vaters gehen und den Vater aus der Paarbeziehung vertreiben – um ihn in die Kindposition zu drängen? Vielleicht drückt er damit seine Wahrheit aus: Ich bin in der Position des Mannes in dem ödipalen Dreieck.

Vermutlich braucht er die Sicherheit: Mich kann niemand so leicht aus dieser Position vertreiben. Der Beobachter lässt den Vater diese Sicherheit erfahren, er stellt nicht infrage, ist nicht intrusiv, aktiv konkurrierend.

Eine erste Szene von ödipaler Konkurrenz, die dem Vater eventuell noch bevorsteht, scheint sich hier zu vermitteln.

3. Ebene: Die Szene der unbewussten Phantasien und inneren Objektbeziehungen

Auf der dritten Ebene entfaltet sich in diesem Protokoll zwischen Beobachter und Eltern ein Ringen um Erfahrungen, die sich auf Umstände von Nähe und Distanz, Versorgen und Versorgtwerden, Aktiv-/Passivsein beziehen. Dabei scheint es um die Suche nach Gleichsein zu gehen. Vielleicht um dadurch Getrenntheit ertragen zu können. Ein (prä-)ödipaler Konflikt reinszeniert sich in wechselseitigen Projektionen und projektiven Identifizierungen, der das Leiden an der Getrenntheit, dem Ausgeschlossensein umfassen könnte.

Die inneren Objektbeziehungen tauchen in den Szenen auf und scheinen anhand von Fragen verhandelt zu werden wie »Bist du wie ich?«, »Was kannst Du?«, »Weist du mich zurück?«.

»Eine Beobachtung ist nichts Schlimmes«, denkt der Beobachter und drückt durch die Verneinung möglicherweise eine Angst aus: Bin ich wirklich willkommen, und was muss ich dafür leisten? Oder werde ich zurückgewiesen? Er empfindet sich als Eindringling, als Zumutung. Seine Fragen könnten auch in Stellvertretung eines bedürftigen Babys an die Eltern gerichtet sein.

Er bringt selbst viel Unsicherheit hinein und diese kollidiert mit Unsicherheiten der Eltern und könnte ein zukünftiges Problem in der Begegnung werden. In diesem Fall trägt die Seminargruppe wesentlich zur Entmischung bei.

Das innere Mutterobjekt in der Mutter scheint primär versorgend zu sein. Es bleibt offen, ob die Versorgung der Abwehr von Gier oder der Angst, verschlungen zu werden, dient. Niemand soll zu kurz kommen, wird etwas gegeben, so wird erwartet, in gleicher Weise versorgt zu werden. Ist es eher Paranoides »Wie du mir so ich dir« oder ist es Fürsorge, die keine Dankbarkeit erwartet?

Denn woher kommt der Wunsch des Beobachters, keine Umstände machen zu wollen?

Also ob die Versorgung des Anderen als Last empfunden werden könnte. Sind dies nur die eigenen Ängste des Beobachters? Oder Ausdruck einer projektiven Identifizierung?

Wenn die Mutter davon spricht, sie werde »dem Baby die Wahrheit sagen«, dass der Beobachter nicht für sie komme, könnte ihr inneres Vater-Objekt damit ausdrücken: In der Realität geht es nicht gerecht zu, einer kommt immer zu kurz. Es reicht nie.

Und bestünde die Funktion des inneren Vater-Objektes dann auch darin, die Mutter vor dem gierigen Verschlungenwerden zu schützen?

Wird Differenz schwer ertragen, dann wird Gleichheit angestrebt. Vermeintlich könnte kein Neid entstehen, denn es gäbe keinen Mangel. Wird der Beobachter in der Position des bedürftigen Babys – ähnlich wie später das reale Baby – von der Mutter versorgt, so stillt sie damit auch ihr inneres Baby.

Das innere Vater-Objekt im Vater erschien uns ödipal konkurrierend, es verweist den Dritten auf seine passive, ausgeschlossene Position. In dieser Position wäre der Dritte nicht mehr bedrohlich, weil er *un*bedeutend gemacht wird, denn seine »Funktion« besteht im *Nichts*-Tun. Doch verliert er dadurch auch seine Stärke, seine Potenz, zu denken und zu fühlen? Durch seine konkrete Anwesenheit verbunden mit seiner besonderen Position der Abhängigkeit sowie seinem verneinenden Gedanken »eine Beobachtung ist *nichts* Schlimmes« verkörpert der Beobachter auch das, was noch keinen Namen erhalten hat. Das, was noch nicht gedacht und symbolisiert werden kann.

Ob deshalb das ungeborene Baby im direkten Gespräch nicht auftauchte? Wir erfahren nichts über die Schwangerschaft, den Bauch der Mutter, die bevorstehende Geburt oder mögliche Ängste und Fantasien. Allen fällt es leichter, über die nachgeburtlichen Beziehungen zu sprechen.

Aber dann tritt ein Moment der Stille auf, kurz bevor der Beobachter sich entscheidet, sich zu verabschieden. Dieser Moment erschien uns bedeutungsvoll, denn er schien Raum zu geben für das ungeborene Baby. Nachdem alle Beteiligten lebhaft ihre Gedanken und Ansichten einander mitgeteilt haben, tritt besonders im gemeinsamen Schweigen das (noch) Unaussprechliche auf. Das ungeborene Baby und alle damit verbundenen Phantasien, unfertige Gedanken, Proto-Symbole können erst in der gemeinsamen Szene des Nicht-Sprechens auftauchen.

Jetzt wird es möglich, dass sich die Getrenntheit entfalten kann, denn das Nicht-Wissen, der »leere Mund« des Schweigens scheint gebildet aus einem gemeinsam entstandenen Raum.

Dieser trianguläre Raum kann entstehen, wenn der Dritte im Zustand des passiven Nicht-Wissens beobachtend auf das Paar schaut, sich nicht verwerfen lässt, aber auch nicht verworfen wird. Im Schweigen kann etwas auftauchen und wie in Analogie zum Kernsatz »auf den Punkt gebracht werden«, was mit dem Nicht-Wissen, den unbewussten Phantasien, dem phantasmatischen Kind zu tun haben muss. In dieser Position ist es notwendig, nicht zu handeln, sondern zunächst passiv aufzunehmen, um dann zu fantasieren und zu reflektieren.

Die väterliche Funktion des inneren Objektes in beiden Eltern bestünde dann darin, auf das Mutter-Baby-Paar zu schauen und aus dieser Position heraus Fantasien und schließlich Gedanken entwickeln zu können.

Denn: Beobachtend, im Bewusstsein der Getrenntheit und gleichzeitigen Abhängigkeit Nicht-Wissen auszuhalten und Fantasien zu entwickeln ist das, was dabei hilft, die Triade immer wieder neu zu etablieren.

Zusammenfassung

Es bedeutet eine wichtige Erfahrung, die*den Beobachter*in als Menschen vor der ängstigenden, verunsichernden Wandlung durch die Geburt kennenzulernen.

Im Erstgespräch geht es neben den Erklärungen über den Ablauf, über die »Regeln« der Beobachtung und Vereinbarungen unter Erwachsenen (ähnlich wie bei einem Therapie-Vertrag) vielmehr auch darum, sich als Mensch mit einem Anliegen, mit der eigenen leiblichen Anwesenheit, der eigenen spezifischen Art, mentale Arbeit zu leisten, zu zeigen.

In einer Art Probehandeln stellt sich die*der Beobachter*in zur Verfügung, sodass die Eltern in der Begegnung mit ihr*ihm Erfahrungen sammeln können: Wie fühlen wir uns mit ihr? Was löst dieser Mensch, als zunächst fremdes Subjekt, in uns aus? Welche Übertragungsfigur etabliert sich hier im emotionalen Erleben?

Im Erstgespräch ist die*der zukünftige Beobachter*in weniger abstinent als später während der Beobachtungen: Er*Sie erklärt, agiert, denkt und spricht gemeinsam mit den Eltern und lässt sich erkunden. Die Frage der Eltern »Bist du für uns brauchbar« könnte das zentrale Motiv und Moment eines jeden Erstgesprächs sein. Gleichzeitig hält sie*er sich aber auch wieder zurück, gibt nichts vor, dominiert nicht das Gespräch, sondern passt sich ein in die Abläufe.

Dies könnte daher auch eine Art Probehandeln im Erstgespräch bedeuten, ähnlich wie sich der*die Beobachter*in auch später zwischen Eltern und Baby in deren Alltag einlassen und anpassen sollte.

Für die Arbeit der Seminargruppe lassen sich erste Hypothesen entwickeln, wie die Eltern in der zukünftigen Bobachtungszeit mit dem*der Beobachter*in umgehen werden. Aber besonders auch darüber, welche Funktionen, Phantasien die Eltern dem Baby zuschreiben und wie der Wechsel vom phantasmatischen zum realen Baby, der Wechsel in die Elternschaft gelingen kann, lässt sich anhand der Protokolle der Erstgespräche in der gemeinsamen Seminargruppe im Verlauf besprechen.

Zur Motivation der Eltern

Während des Erstgespräches kann es möglich sein, einen Zugang zu Phantasien und Ängsten der Eltern zu erhalten. Die Eltern entwickeln eigene Hypothesen über ihr Baby, die jetzigen und zukünftigen Beziehungen, welche auf ihren inneren Objektbeziehungen und unbewussten Phantasien gründen. Um den Eltern gerecht zu werden, erscheint es uns notwendig, die vier Ebenen der Begegnungen zu berücksichtigen, möchte man etwas über die unbewussten Motive der Eltern erahnen.

Besonders die dritte Ebene der inneren Objektbeziehungen und unbewussten Phantasien erschien uns hier als hilfreicher Zugang, da sie in besonderem Maße von Assoziationen, Hypothesen, Fragen, Anmutungen geprägt ist.

Die mentale Arbeit der*des Beobachtenden sowie der Seminargruppe könnte den Eltern dabei helfen, das Nicht-Wissen zu ertragen und dadurch mehr innere Flexibilität und Einfühlung in die Bedürfnisse und Ängste des Babys zu entwickeln.

Das Erstgespräch dient hier auch der Klärung, inwieweit die*der Beobachter*in in dieser Funktion gebraucht werden kann.

Eltern, die uns als real zur Alltagsunterstützung, oder als Therapeut*innen, Berater*innen, Kontrolleurinnen und Kontrolleure der Entwicklung nutzen wollen, stimmen im Anschluss an das Erstgespräch meist nicht zu.

Wird der Beobachtung ihres Babys zugestimmt, kann es sich daher nicht um Eltern handeln, die in ihren Ängsten und Unsicherheiten verhaftet bleiben und deshalb die Objekte in einer festen Position unter Kontrolle halten müssen.

Sondern es sind vielmehr Eltern, die sich dafür öffnen, dass sich in der inneren und äußeren Realität etwas grundlegend wandeln wird. Sie werden in unbekannte Zustände geraten, emotionale Erfahrungen machen, neue Funktionen und Positionen einnehmen. Sie wagen diesen Schritt und wünschen sich gleichzeitig eine Unterstützung, können ihre Ängste und Bedürfnisse in dieser aufwühlenden Situation zulassen. Denn sie ahnen, es wird unvermeidlich sein, neue Fähigkeiten zu erproben und kennenzulernen, von welchen sie bisher nur eine Ahnung hatten: die *reverie* (Bion) für ihr Baby. Dabei geht es um die Fähigkeit, das Nicht-Wissen und alle damit verbundenen schwierigen Gefühle auszuhalten, sich im »träumerischen Ahnungsvermögen« (Bion) auf das Baby einzustellen, wohlwollende, aber auch feindselige Fantasien auftauchen zu lassen und in der dritten Position ihre Denkfähigkeit anwenden zu können.

In den Erstgesprächen machen sie Erfahrungen mit einem anderen Menschen, der sich, jenseits ihrer Paarbeziehung, erproben und erkunden lässt. Weil die*der Beobachter*in nicht agiert, eignet sie*er sich als Übertragungsobjekt, an dem existenzielle Fragen abgearbeitet werden (wie u. a. »Hältst du mich aus?«, »Werde ich verworfen?«).

Gemeinsam lernt das Elternpaar eine neue Figur kennen: jemanden, der bemüht ist, sich einzufühlen, Halt geben kann, verstehen möchte, Hoffnung spendet, verbindlich ist, nachdenkt, besonders aber: der keine Scheu zeigt, eine Bitte zu äußern und damit in eine Position von Abhängigkeit und Nicht-Wissen einzutreten. All dies bietet sich den Eltern als Modell an, wie sie sich dem Baby zuwenden könnten.

Sie ahnen, dass das brauchbar ist, um die*den Andere*n (und sich) wirklich, im Sinne von Bions K (Knowledge), kennenzulernen. Das ist die Haltung, die ihr Baby von ihnen braucht. Dafür benötigen sie in der dyadischen Beziehung die Fähigkeit zur *reverie*. Um über das Baby und die Beziehung zu ihm nachdenken zu können, brauchen sie darüber hinaus die Fähigkeiten, Positionen in der Triade spielerisch ausprobieren zu können.

Wenn sich die Eltern im Erstgespräch einerseits in der Position eines bedürftigen Kindes an ein Übertragungsobjekt wenden, andererseits in der Eltern-Position wohlwollend einer Bitte Raum geben, und auch in der Paar-Position der*dem Dritte*n die Gefühle des Ausgeschlossenseins zumuten, erleben sie etwas spezifisch Neues in einer Beziehung. Da es sich bei dem Erstgespräch lediglich um eine Situation handelt, in der sich diese Szene der triadischen Begegnung entfaltet, kann es dabei noch nicht um die Entwicklung von neuen Erfahrungen gehen, aber die Weichen werden gestellt und zurückblickend sollte man vermuten, dass diese Eltern auf brauchbare triadische Vorerfahrungen zurückgreifen können.

Bedeutsam ist dabei, dass es in den Eltern ein Vorwissen, eine Überzeugung gibt, dass es sinnvoll und notwendig ist, neuen Erfahrungen, Fantasien, (träumerischen) Gedanken Raum zu geben. Indem die Eltern gemeinsam mit der*dem Beobachter*in flexibel verschiedene Positionen im Dreieck einnehmen, können sie sich als fantasierende und reflektierende Teilnehmer*innen der Triade wahrnehmen. In der Erstbegegnung konnten die Eltern erfahren: Wir können dies wagen, ohne dass einer herausfällt und verloren geht.

Diese Flexibilität, zunächst Nicht-Wissen sowie die Position der*des ausgeschlossenen, abhängigen Dritten auszuhalten, bisher nicht gedachte Gedanken, neue Fantasien, Erfahrungen auftauchen zu lassen und kennenlernen zu wollen, steht im Gegensatz zu einem rigiden Festhaltenwollen, gespeist aus zu großen Ängsten vor irreversibler Veränderung und Verantwortung für ein anderes Leben.

Die Eltern, die zustimmen, ahnen, dass es eine*n Andere*n gibt, die*der brauchbar für sie ist, sie in ihrer Transformation in die Elternschaft zu begleiten.

Literatur

Bick, E. (1964). Notes on infant observation in psychoanalytic training. In A. Briggs (2002). (Hrsg.), *Surviving space, Papers on infant observation* (S. 37–54). London: Karnac.

Bion, W. (1990 [1962]). *Lernen durch Erfahrung.* Frankfurt a. M.: Suhrkamp.

Bion, W. (1990). Eine Theorie des Denkens. In E. Bott Spillius (Hrsg.), *Melanie Klein heute, Bd. 1* (S. 225–235). München, Wien: Verlag Internationale Psychoanalyse.

Bion, W. (2009 [2006]). *Aufmerksamkeit und Deutung.* Frankfurt a. M.: edition diskord bei Brandes & Apsel.

Britton, R. (1998). Die fehlende Verbindung: die Sexualität der Eltern im Ödipuskompex. In R. Britton, *Der Ödipuskomplex in der Schule Melanie Kleins* (S. 95–115). Stuttgart: Klett-Cotta.

Britton, R. (2001). *Glaube, Phantasie und psychische Realität.* Stuttgart: Klett-Cotta.

Buchholz, M. B. (1988). Die therapeutische Situation. *Forum der Psychoanalyse. Zeitschrift für klinische Theorie und Praxis, 4*(4), 273–291.

Buchholz, M. B. (1990). Die unbewußte Familie: rotierende Triaden. In M. B. Buchholz, *Die unbewußte Familie. Psychoanalytische Studien zur Familie in der Moderne* (S. 153–185). Berlin: Springer.

Bürgin, D. (Hrsg.). (1998). *Triangulierung – der Übergang zur Elternschaft.* Stuttgart: Schattauer.

Ferrara Mori, G. (Hrsg). (2015). *From pregnancy to motherhood.* London: Routledge.

Israel, A. (2021). Baby – Familie – Beobachter*in – subjektive Prozesse während der teilnehmenden Beobachtung nach der Methode von Esther Bick. In A. Israel & C. Enriquez de Salamanca (Hrsg.), *Baby, Familie, Beobachter*in. Subjektive Prozesse in der Säuglingsbeobachtung. Jahrbuch für teilnehmende Säuglings- und Kleinkindbeobachtung 2021* (S. 17–53). Gießen: Psychosozial-Verlag.

Israel, A. (Hrsg.). (2007). *Der Säugling und seine Eltern.* Frankfurt a. M.: Brandes & Apsel.

Kennel, R. & Reerink, G. (Hrsg.). (2013). *Klein – Bion. Eine Einführung.* Frankfurt a. M.: edition diskord bei Brandes & Apsel.

Klein, M. (1996). Gefühlsleben und Ich-Entwicklung des Säuglings unter besonderer Berücksichtigung der depressiven Position. In M. Klein, *Gesammelte Schriften, Bd. 1, Teil 2* (S. 261–320). Stuttgart-Bad Cannstatt: fromann-holzboog.

Klein, M. (2000). Neid und Dankbarkeit. In dies., *Gesammelte Schriften, Bd. 3* (S. 279–368). Stuttgart-Bad Cannstatt: fromann-holzboog.

Klein, R. (2004). Tiefenhermeneutische Zugänge. In E. Glaser, D. Klika & A. Prengel (Hrsg.), *Handbuch Gender und Erziehungswissenschaften* (S. 622–635). Bad Heilbrunn: Klinkhardt. https://doi.org/10.25595/999

Lazar, R. A. (2000). Erforschen und Erfahren. Teilnehmende Säuglingsbeobachtung »Empathietraining oder empirische Forschungsmethode?« *Analytische Kinder- und Jugendlichen-Psychotherapie, 4*(108), 399–417.

Lazar, R. (2015). Erforschen und Erfahren … In G. Häussler (Hrsg.), *Psychoanalytische Säuglingsbeobachtung und Säuglings-Kleinkind-Eltern-Psychotherapie* (S. 31–50). Frankfurt a. M.: Brandes & Apsel

Löchl, E. (1997). *Inszenierungen einer Technik.* Frankfurt a. M., New York: Campus.

Maiello, S. (2015 [2007]). Säuglingsbeobachtung als Lernerfahrung in der psychoanalytischen Ausbildung. Der Beobachter in der Position des Dritten und die Begegnung mit dem inneren Kind. In G. Häussler (Hrsg.), *Psychoanalytische Säuglingsbeobachtung und Säuglings-Kleinkind-Eltern-Psychotherapie* (S. 51–64). Frankfurt a. M.: Brandes & Apsel.

Meltzer, D. (1988). *Traumleben.* München: Verlag internationale Psychoanalyse.

Monticelli, M. & Coveri, R. (2019). The story before the story: developments in pre-infant observation. *International journal of infant observation and its applications, 22*(2–3), 92–104.

Reid, S. (Hrsg.). (2005 [1997]). *Developments in infant observation.* East Sussex: Routledge.

Reinke, E. (2013). ›Szenische Evidenz‹ und› Szenisches Verstehen‹. *Jahrbuch der Psychoanalyse. Szene – Verwicklung – Performance, 66,* 1–38.

Salzberger-Wittenberg, I. (2015). Was ist psychoanalytisch am Tavistock-Modell der Babybeobachtung? In G. Häussler (Hrsg.), *Psychoanalytische Säuglingsbeobachtung und Säuglings-Kleinkind-Eltern-Psychotherapie.* Frankfurt a. M.: Brandes & Apsel.

Sandner, D (1988). Die Erfassung der unbewussten Beziehungsphantasie mit Hilfe der psychoanalytisch-empirischen Hermeneutik. *Forum der Psychoanalyse, 4*(4).

Sternberg, J. (2005). *Infant Observation at the heart of training.* London: Karnac.

Wernet, A. (2011). Zur Methode der Objektiven Hermeneutik und ihrer Bedeutung für die Rekonstruktion pädagogischer Handlungsprobleme. http://www.fallarchiv.uni-kassel. de/wpcontent/ uploads/2010/07/wernet_objektive_hermeneutik.pdf (10.07.2011).

Winnicott, D. W. (1979). *Vom Spiel zur Kreativität.* Stuttgart: Klett-Cotta.

Wittenberg, I (2005 [1997]). Beginnings. The family, the observer and the infant observation group. In S. Reid (Hrsg.), *Developments in infant observation* (S. 19–32). London: Routledge.

Want and need
Conscious and unconscious motives at the beginning
of an infant observation

Abstract: The results of several years of research by four psychoanalysts regarding the question: what could motivate parents to agree to a two-year participant observation of their baby, are presented. With the help of hermeneutic text analysis, looking at the enactments in the first encounter as well as psychoanalytic object relations theory, protocols of the first pre-birth encounter between parents and prospective observers were analyzed. Using a variety of vignettes and a detailed interpretation, it is shown how the parents respond to the wish to observe their baby on the conscious, manifest level, but also on the latent, unconscious level. In addition, it is shown how in the first interview the observer represents the baby's basic needs. but at the same time the observer is used as a transference object to whom different kinds of need are addressed. What seems to be at the core of the discussions in the first meeting is whether the future observer can be useful for the parents to come to terms with the change parenthood is accompanied with. Parents who agree to the observation already convey their hunch that they might need support in finding a flexible position in the emerging triad. Furthermore they wish for someone to share their feeling that it will be of importance to endure uncertainty and the negative capability and to engage in their capacities for empathetic reverie. Parents who are more likely to seek support by getting advice from an expert on parenting and child development are more likely to decide against infant observation after the initial interview.

Keywords: infant observation according to Esther Bick, preliminary meeting, triad, reverie

Die Autorin

Cecilia Enriquez de Salamanca ist Fachärztin für Kinder- und Jugendpsychiatrie und Psychotherapie sowie Psychoanalytikern für Kinder und Jugendliche sowie Dozentin und Supervisorin am Institut für analytische Kinder- und Jugendlichen-Psychotherapie – Esther Bick in Berlin.

praxis.salamanca@posteo.de

Szenisches Verstehen der Erstbegegnung

Rose Ahlheim

Jahrbuch für teilnehmende Säuglings- und Kleinkindbeobachtung 2022, 47–54
https://doi.org/10.30820/9783837931990-47
www.psychosozial-verlag.de/jtskb

Zusammenfassung: In einer Arbeitsgruppe, die mit einer gemeinsamen Frage-stellung Texte auswertet, kann das Zusammenspiel unterschiedlicher Herangehensweisen belebend sein, jede kann sich auf ihre Art bewähren. In diesem Beitrag wird eine Erstbegegnung mit einem Elternpaar, das die Beobachtung des erwarteten Babys ermöglichen will, als eine bedeutungsvolle Abfolge von unbewussten Inszenierungen der Mutter betrachtet, bei der die künftige Beobachterin sich in die »Szene« jeweils einpasst und nach ihren eigenen unbewussten Handlungsentwürfen mitspielt.

Schlüsselwörter: Erstbegegnung, Textanalyse, Szenisches Verstehen

In unserem Herangehen an die verwendeten Begegnungsprotokolle verwendeten wir auch einen weiteren methodischen Ansatz, den ich – am jetzigen Anna-Freud-Institut in Frankfurt am Main ausgebildet – in unsere Forschungsgruppe einbringen konnte: das »Szenische Verstehen«, eine Methode der Textanalyse, die in den 1960er/1970er Jahren am Frankfurter Sigmund-Freud-Institut entwickelt und diskutiert wurde.

Im Deutschland jener Jahre war die Objektbeziehungspsychologie noch wenig beachtet und gewürdigt. Vorherrschendes theoretisches Konzept war die Ich-Psychologie, die ja die Einzelperson in den Fokus rückt. Da war es eine neue Wendung hin zu einer Zwei-Personen-Psychologie, als das Konzept der psychoanalytischen »Szene« entwickelt wurde, einer gemeinsam gestalteten spezifischen Interaktion zwischen Analytiker*in und Analysand*in, die wahrgenommen und auf ihre Bedeutung hin befragt werden sollte. (Hier muss ich gleich bemerken, dass die beschriebenen Prozesse nicht nur in der psychoanalytischen, sondern auch in der ganz alltäglichen Interaktion und Kommunikation zwischen Menschen stattfinden.)

Die beiden Protagonisten dieser konzeptuellen Neuerung waren Hermann Argelander und Alfred Lorenzer, und ich möchte ihre jeweils eigene theoretische Auffassung der szenischen Darstellung kurz zusammenfassen.

Argelander spricht von der »Szenischen Funktion des Ich« (Argelander, 1970). Er meint damit die Fähigkeit des Ich, infantile unbewusste Konfliktkonfigurationen in einer aktuellen Beziehungssituation neu in eine Gestalt einzubinden, die sowohl die situativen Gegebenheiten einbezieht als auch die infantile Konfliktszene. Ähnlich wie die Traumarbeit einen latenten Traumgedanken mit aktuellen Tagesresten verbinde.

Das Ich fantasiert eine Szene, schreibt Argelander: »Die unbewußte szenische Konfiguration entfaltet sich und drängt zur Verwirklichung« (S. 337). Die Ich-Leistung bestehe darin, unbewusste Konfliktanteile lebendig und flexibel zu halten, keine starren Abwehrstrukturen zu errichten, sondern von Fall zu Fall eine kompromisshafte Darstellung zuzulassen, ohne die Verdrängung ganz aufzuheben. Bei genauer Betrachtung gibt »die Gestalt der Szene [...] den unbewußten Konflikt preis« (S. 343). Die Szene enthält also eine Erinnerung, verquickt mit der aktuellen Situation. Eine gelungene Deutung würde beide Dimensionen, die infantile wie die aktuelle Beziehungssituation, umfassen.

Diese vorbewussten Prozesse laufen allerdings mit ungeheurer Geschwindigkeit und Präzision ab, und da es sich um szenische Manifestationen handelt, ist das jeweilige Gegenüber einer solchen Szene mitverwickelt und nicht in der Lage, im Moment der Interaktion zu verstehen, was vorgeht. Zu so genauer und rascher Selbstbeobachtung wird kein*e Analytiker*in je in der Lage sein – und ich setze hinzu: auch kein*e Beteiligte*r an einer Alltagsbegegnung. Über die Bedeutung einer Szene kann nachgedacht werden, wenn sie wahrgenommen und genauer betrachtet wurde, und oftmals ist es die Arbeit an den Stundenprotokollen, die ein Stutzen und Nachfragen ermöglicht.

Alfred Lorenzer geht davon aus, dass das Unbewusste von Beginn an generell »szenisch« aufgebaut sei (Lorenzer, 1970). Das Selbst könne sich niemals anders erleben als in Beziehung zu einer*einem Anderen – mehr oder weniger oder gar nicht bewusst – und die täglich gespeicherten unzähligen Erinnerungsspuren an erlebte Interaktionen verfestigen sich zu »bestimmten Interaktionsformen«, die dem Subjekt zu eigen werden. Lorenzer sieht in diesen Erinnerungsmustern »die ›Blaupausen‹ des Lebensplans und die Potentiale seiner Verwirklichung« (Lorenzer, 1983, S. 99), die »Entwürfe zukünftigen Interagierens« (ebd., S. 100), »dynamische Entwürfe, ja virulente Faktoren zukünftiger Lebenspraxis« (ebd.,

S. 99). Um bewusstseinsfähig zu sein, müssten diese szenisch organisierten Repräsentanzen mit Wortvorstellungen verbunden sein, so Lorenzer. Es gebe aber außerhalb der sprachlich-symbolischen Verständigung eine andere Form der symbolischen Mitteilung, die er sinnlich-symbolische Interaktionsform nennt. Sie ist in allen Bereichen der Kunst das Medium, in dem der Künstler die Rezipient*innen erreicht und anspricht. Und in diese Kategorie der sinnlich-symbolischen Darstellung gehört die Inszenierung einer im Unbewussten bereitliegenden Interaktionsform. Das »Verstehen« der Psychoanalytiker*innen, meint Lorenzer, gründet nicht im Entziffern eines mitgeteilten Textes, sondern »auf der lebenspraktisch unmittelbaren Teilnahme des Psychoanalytikers am Spiel des Patienten«. »Die Wirklichkeit des szenischen Zusammenspiels konstituiert das Verstehen«, im »Sicheinlassen auf das Spiel des Patienten (der dem Analytiker eine Rolle in seinem Drama zuweist) kommt der Psychoanalytiker auf den Boden der unbewußten, sprachexkommunizierten Wirkungsschicht« (ebd., S. 113).

Lorenzer legt Wert auf die Feststellung, dass damit nicht eine neue Technik beschrieben werde, sondern ein neues Konzept dafür, was die Psychoanalyse seit eh und je tut und was sie schon immer ausmacht. Und wieder ist anzufügen: In der beschriebenen Weise szenisch organisiert ist auch die »außeranalytische« Begegnung, nur ist es nicht möglich und nicht sinnvoll, sie sozusagen unters Mikroskop zu legen, wie man es mit den szenischen Mitteilungen im analytischen Raum macht. Aber wir haben es mit den Gedächtnisprotokollen versucht, die uns vorlagen. Zum Beispiel mit dem Folgenden:

Das Tor steht weit offen. Offensichtlich werde ich schon von der Familie erwartet. Beide Mädchen (14, 10 Julia) befinden sich in der Küche. Ich ziehe die Schuhe aus (»ich mache es so, wie es bei Ihnen üblich ist«), nehme ein Glas Wasser an und setze mich nach Begrüßung aller an den Tisch zusammen mit der Mutter. Der Vater kommt gleich dazu, die Mädchen hören hinter dem Küchentresen zu.

Die Mutter fragt, in welchem Rahmen das Interview stattfindet. Ich erzähle von der Ausbildung und dass ich noch ganz am Anfang davon bin, sodass die Beobachtung für mich etwas ganz Neues, ein Experiment ist. Sie fragt, ob ich so etwas wie einen Beobachtungskatalog habe und wo ich die Beobachtung dann auswerte. Ich betone mehrmals, dass es darum geht, das Baby ohne Fachbuchwissen zu beobachten. Erst später werde dann das Beobachtete in die Theorie überführt. Die Beobachtungen würden in einer festen Gruppe ausgetauscht. Ich könnte mir vorstellen, dass dann vermutlich bei allen Babys vergleichbare Beobachtungen gemacht würden (z. B. typische Bewegungen etc.), dass aber schon das ganz Eigene, das nur zu diesem individuellen Baby gehört, viel Beachtung findet.

Der Vater nickt während meiner Ausführungen und murmelt: »Das finde ich gut.« Es wirkt wie »ich habe meine Zustimmung gegeben«. Anschließend geht er, um eine Besorgung für die Familie zu erledigen. Die Mutter gibt ihm noch Tipps und ermutigt ihn: »Das kriegst du bestimmt hin.«

Sie fragt noch mal, wie lange die Beobachtung sei: »In zwei Jahren, da kann das Baby ja schon einiges, zum Beispiel Laufen …« Beruflich werde ja nichts dazwischenkommen, sie ist freiberuflich tätig, sie wisse ja nicht, wie es danach weitergehe, es sehe auch in ihrem Beruf schlecht aus. (Unsicherheit spürbar – was wird, wenn das Baby groß wird.) Erst mal sei in den ersten zwei Jahren keine Berufstätigkeit absehbar – das habe sie bei den ersten beiden Kindern auch so gemacht. Frage nach meinen Kindern. Ich erzähle, dass ich zwei Kinder im Alter von fünf und sieben habe. Nun wird die Schulsituation in unserem Ort Thema, wobei ich mich deutlich zurückhalte, obwohl mich das Thema auch beschäftigt. Die Mutter fragt nochmals, wo die Informationen aus der Beobachtung hinkommen. Ich betone, dass ich Schweigepflicht habe und der Austausch sich ganz auf die Gruppe beschränkt.

Die Familie habe eigentlich nichts von den Beobachtungen, deshalb sei ich dankbar, wenn ich einen Platz haben dürfe. Ich biete der Mutter an, dass sie sich das alles nochmals überlegen könne. Sie bestätigt sofort, sie wolle das auf jeden Fall, dass ich komme, das sei keine Frage, sie finde das spannend. Was denn wäre, wenn das Kind behindert zur Welt komme, das gebe es auch, es könne ja was schiefgehen. Würde ich es dann auch begleiten? Ich antworte, dass sich für mich nichts ändern würde, man müsse dann sehen, wie sich von ihrer Seite her die Situation entwickelt und ob die Familie dann auch für eine Beobachtung offen wäre.

Zur Geburt: Sie will in einer bestimmten Klinik entbinden und hofft, dass sie einen Platz bekommt. Sie findet die Räume wunderschön, will nicht zu Hause entbinden. Wie früh ich denn das Baby sehen wolle? Ich: »Möglichst früh, sobald es geht.« Verbleib: Die Eltern melden sich, sobald das Kind da ist. Sollte ich nach dem errechneten Termin nichts hören, melde ich mich.

Beim Hinausgehen fragt die Mutter nochmals nach der Hebamme, die mir die Adresse gegeben hat, und sagt, dass sie eine Freundin der Hebamme ist. Sie bestätigt nochmals ihr Interesse an der Beobachtung, sie habe auch viele Jahre lang mit einer Tochter an einer medizinischen Studie teilgenommen, da gebe es heute noch Treffen.

Zum Abschied wünsche ich noch alles Gute für die Geburt und bestätige, dass ich mich auf den Anruf freue.

Ich werde der Erzählerin/Beobachterin der Einfachheit halber einen Namen geben, »Maja«.

»Das Tor steht weit offen«, »die Familie« erwartet Maja offensichtlich. »Beide Mädchen sind in der Küche«, ihr Alter wird uns genannt und auch ein Name – aber wo sind die Eltern? Sie bleiben noch unerwähnt. Maja zieht ihre Schuhe aus und sagt dazu: »Ich mache es, wie es bei Ihnen üblich ist.« Ein Signal an die für uns noch unsichtbaren Eltern, dass sie sich in die hier übliche Ordnung einfügen würde. Es muss zuvor ein kleines, vermutlich höfliches verbales Hin und Her gegeben haben, auch werden sich die Beteiligten einander vorgestellt haben. Davon erfahren wir nichts. So entsteht ein Bild, wie wenn der Bühnenvorhang weit aufgeht und auf der erleuchteten Fläche sehen wir unbewegte Figuren stehen, ihre Gesichter noch nicht erkennbar. Was muss geschehen, um sie in Bewegung zu bringen?

Zweifellos hat Maja sich in der Realität angemessen und freundlich verhalten. Ihr inneres Erleben in dieser Anfangssituation aber setzt sich möglicherweise beim Schreiben durch: Sie fühlt sich fremd und auch allein – sicher nicht nur diesen Menschen gegenüber, sondern am Beginn des Abenteuers Babybeobachtung und psychoanalytische Ausbildung. Wir erfahren nichts über ein Zeichen des Entgegenkommens vonseiten der Eltern. Eher wird Maja ein vorsichtiges Abwarten, eine skeptische Zurückhaltung gespürt haben, die sie zunächst auf Distanz hielt. Noch immer sind die Eltern nicht als Personen lebendig, als das Gespräch seinen Anfang nimmt: »Ich nehme ein Glas Wasser an und setze mich nach der Begrüßung aller mit der Mutter an den Tisch.«

Es ist dann die Mutter, die mit einer geschickten Frage den Anfang macht: In welchem Rahmen die Beobachtung stattfinde. Damit gibt sie, ohne aufdringlich zu sein, Maja die Möglichkeit, von sich selbst und von ihrem Anliegen zu sprechen. Diese gibt sich gleich hier als »Anfängerin« zu erkennen, als müsse sie einen Vergleich »wer ist hier die Kompetente« vermeiden. Die Mutter bleibt in sachlicher Distanz. Auch mit ihrem genaueren Nachfragen, wie und wo die »Daten« gesammelt und ausgewertet werden, zeigt sie Sachverstand und eine Neigung zu skeptischer Beurteilung dieses ihr noch unbekannten Projekts. Die Frage nach einem »Beobachtungskatalog« lässt ihre ebenso skeptische Erwartung erkennen, möglicherweise könne es hier um ein Vergleichen gehen, ein vielleicht normatives Bewerten der beobachteten Entwicklung des Babys. Solche negativen Erwartungen kann Maja so weit entkräften, dass der Vater mit einem »Das ist gut«, mit dem er sich aus der Runde verabschiedet, indirekt sein Einverständnis erklärt.

Die Arbeitsteilung in der Familie, dieser Eindruck entsteht hier, ist ausgewogen, und die etwas gönnerhafte Ermutigung seiner Frau »Das kriegst du bestimmt hin« kann das Gleichgewicht nicht stören. Auch die Position der beiden Mädchen hinter dem Küchentresen bildet eine ausgewogene Konstellation ab: Die Kinder gehören dazu, aber die Entscheidung treffen die Eltern.

Bei ihrer Frage nach der Dauer der Beobachtung können wir vermuten, dass die Mutter sich eine Beteiligung nun genauer vorstellen kann. Und gleich ist sie mit den Gedanken bei dem, was in zwei Jahren sein wird: Das Kind kann schon laufen, und sie wird wieder in den Beruf einsteigen – aber wie genau? Hier setzt sie ihre Gelassenheit angesichts der Ungewissheit ihrer Chancen – »es werde ja nichts dazwischenkommen« – Majas vorangegangenen Bericht über ihre Ausbildungssituation entgegen. Ein Gleichgewicht ist hergestellt. Eine handschriftliche Notiz aus der Gruppendiskussion fügt hinzu, dass in dieser Gesprächspassage ein Gefühl von Beunruhigung in Maja entstand, der Mutter aber nicht anzumerken war.

Hier fällt auf, das die Gesprächspartnerinnen die eigentlich wichtigen, unmittelbar bevorstehenden zwei Jahre – in denen das Baby klein, abhängig und absolut hilfsbedürftig sein wird – überspringen. Stattdessen denkt die Mutter über ihre berufliche Zukunft nach. Maja folgt dem Gedankengang der Mutter, spürt aber ein Unbehagen.

Um Ausgewogenheit geht es nun auch im Fortgang des Gesprächs. Die Frage nach eigenen Kindern, die offene Antwort Majas, das Gespräch über die örtliche Schule entsprechen einem Austausch »auf Augenhöhe«. Dieses hergestellte Gleichgewicht mag wackelig sein.

Denn die Frage der Mutter, »wo die Informationen hinkommen«, taucht wieder auf. Nachdem sie ihre Schweigepflicht betont hat, gelingt Maja eine überraschende Wendung des Gesprächs, indem sie sagt: Die Familie habe eigentlich nichts von den Beobachtungen, deshalb sei sie dankbar, dass sie trotzdem einen Platz haben dürfe.

Das heißt: Sie unterbricht das Bemühen um Ausgeglichenheit, indem sie sich als die Hilfesuchende darstellt, die der Familie nichts geben kann außer Dankbarkeit. Und nun sagt die Mutter uneingeschränkt, auf jeden Fall wolle sie, dass die Beobachterin komme! Und schließt mit einer ebenfalls unerwarteten Wendung die Frage an, »was denn wäre, wenn das Baby behindert zur Welt kommen werde, das gäbe es ja auch«, es könne ja auch etwas schiefgehen, und ob die Beobachterin »es auch dann begleiten würde?«

Die Mutter hat ihre Deckung verlassen – um es umgangssprachlich zu sagen – und hat sich mit ihrer Angst gezeigt – »es kann etwas schiefgehen« – und sie zeigt mit der direkten Frage »Werden Sie es auch dann begleiten« ihren eigenen Wunsch nach Begleitung: ein kindliches »Verlass mich nicht!«. Vielleicht – so kann man nun vermuten – ist sie zuvor dem Gedanken an das hilflose, bedingungslos abhängige Baby ausgewichen, weil das Kleinsein ihr so gefährdet erscheint. Auch die Frage nach einem »Beobachtungskatalog« und dem Verbleib der Daten wird im Zusammenhang mit dieser Angst stehen.

Der Gedanke, das Kind könne behindert zur Welt kommen, muss eine Dringlichkeit haben, die nach Beruhigung und Schutz verlangt. Für uns liegt der Gedanke nahe, dass die Mutter unbewusst ihre Fähigkeit anzweifelt, ein gesundes Kind zu nähren und wachsen zu lassen – eine »gute« Mutter zu sein. Fürchtet sie unbewusst ihre destruktiven Anteile? Trägt sie in sich das Bild einer feindseligen Mutter, von der sie keine Wertschätzung erfährt, deren vernichtende Kritik sie fürchtet, neben dem Bild einer ersehnten »guten« Mutter? Sichtbar ist ja ihr dringender Wunsch nach einem schützenden Raum, der Geborgenheit bietet, und nachhaltender Begleitung. Maja ist zu einer Übertragungsfigur geworden, die Mutter projiziert mütterlich schützende und haltende Eigenschaften in sie, und Maja nimmt ihre Bedürftigkeit an mit der Zusicherung, sie werde in jedem Fall bleiben.

Die Szene begann auf einer offenen, unbewegten Bühne und hat sich entwickelt: Über ein Ringen um Gleichstellung, Ebenbürtigkeit, auch Kontrolle, über einen überraschenden Moment der Veränderung – ausgelöst durch Maja, die sich in die Position der Abhängigkeit begibt – hin zu einem anrührenden Eingeständnis der Mutter, die nun ihrerseits eine kindliche Seite zeigen kann. Verletzlich, anlehnungs- und schutzbedürftig, so stellt sie sich nun dar.

Am Ende aber sichert sie wieder ihre Position auf Augenhöhe: Die Hebamme, über die der Kontakt zustande kam, ist ihre Freundin, und sie hat – anders als die Anfängerin Maja – bereits langjährige Erfahrung mit einer Studie.

Wir können Vermutungen anstellen darüber, wie weit eine tiefe Ambivalenz unbewusst dem erwarteten Kind gilt. Wir können uns fragen, ob das Ringen um Gleichheit auf Augenhöhe – oder auch um Kontrolle – einer kritisch verurteilenden Mutterrepräsentanz gilt, der die werdende Mutter sich nicht unterwerfen will und die sie gleichwohl fürchtet. Solche Überlegungen könnten wichtig werden im Verlauf der Beobachtung. Bei den Wendungen, möglichen Brüchen, möglichen erneuten Einigungen, die sich ereignen könnten, mag die Frage nach den unbewussten Handlungs- und Beziehungsmustern der Beteiligten wichtig sein. Wichtig für die Beobachterin selbst und wichtig für die Gruppe, die sie auf diesem Weg begleitet und hält. Diese Mutter könnte Schwierigkeiten bekommen, ihre Ambivalenz im Gleichgewicht zu halten, oder sie könnte sich im Kampf gegen eine verurteilende, Wertschätzung verweigernde »innere Mutter« verstricken. Beides könnte dann im Prozess projektiver Identifikationen die Beobachterin betreffen, in einem steten Widerspruch zu dem fortbestehenden Wunsch nach guter mütterlicher Begleitung. So könnte vielleicht sogar die Anwesenheit der Beobachterin das Baby gegen solche feindseligen Projektionen der Mutter abschirmen.

Vielleicht aber hat die Mutter jetzt, in Erwartung ihres dritten Kindes, den Wunsch nach einer Begleitung, die ihr über die inneren Widersprüche hinweghelfen könnte. Darin könnte eine Motivation liegen, die Beobachtung zuzulassen.

Sie beweist Ich-Stärke, wenn sie ihre Angst wahrnehmen und darüber sprechen kann. Insofern können wir auch diesen Fall als Beleg für die Hypothese betrachten, mit der Cecilia Salamanca ihren Beitrag abgeschlossen hat: Es sind nicht die ängstlichen und unsicheren Eltern, die einer Beobachtung zustimmen, sondern eher stabile Persönlichkeiten, die die Auseinandersetzung mit inneren Zuständen und das Nicht-Wissen nicht fürchten.

Literatur

Argelander, H. (1970). *Das Erstinterview in der Psychotherapie*. Darmstadt: WBG.

Lorenzer, A. (1970). *Sprachzerstörung und Rekonstruktion. Vorarbeiten zu einer Metatheorie der Psychoanalyse*. Frankfurt a. M.: Suhrkamp.

Lorenzer, A. (1983). Sprache, Lebenspraxis und szenisches Verstehen in der psychoanalytischen Therapie. *Psyche, 37*(2), 97–115.

Scenic understanding of the first encounter

Abstract: In a working group evaluating texts with a common question, the interplay of different approaches can be invigorating; each can prove successful in its own way. In this paper, a first encounter with parents who are interested in allowing the observation of their expected baby is considered as a meaningful sequence of unconscious enactments of the mother. It is argued that the future observer fits into the respective »scene« and plays along according to her own unconscious designs of action. This is preceded by a brief summary of the method of Scenic Understanding.

Keywords: first encounter, text analysis, scenic understanding

Die Autorin

Rose Ahlheim, Dipl. päd., Dr. phil., ist Analytische Kinder- Jugendlichenpsychotherapeutin, VAKJP, und zuletzt am IaKJP – Ester Bick Berlin tätig.

rose.ahlheim@t-online.de

Einleitung zur Säuglingsbeobachtung von Nina Maschke

Agathe Israel

Jahrbuch für teilnehmende Säuglings- und Kleinkindbeobachtung 2022, 55–57
https://doi.org/10.30820/9783837931990-55
www.psychosozial-verlag.de/jtskb

Wir stellen die Abschlussarbeit über eine zweijährige Säuglingsbeobachtung vor. Mit dieser Beobachtung begann Nina Maschke ihre Ausbildung zur analytischen Kinder- und Jugendlichenpsychotherapeutin. Als wir sie um diesen Text baten, stimmte sie gerne zu, betonte aber mehrfach: »Jetzt würde ich vieles anders sehen, mich genauer einfühlen können, meine Aufmerksamkeit viel mehr auf das Baby lenken, auseinanderhalten können, was von mir reingetragen wurde, was von der Mutter.« Ihr Blick am Ende der Ausbildung zurück auf die teilnehmende Beobachterin von damals lässt den Entwicklungsweg ahnen.

Ihre Arbeit gibt uns nicht nur Einblick in die individuelle »Entwicklungsgeschichte« von Lilly, sondern auch in die Schwierigkeiten ihrer Mutter, Getrenntheit und Zusammensein als gleichermaßen bedeutend anzuerkennen und Übergänge zwischen diesen Zuständen zu schaffen.

In Lillys zwölfter Lebenswoche berichtet die Beobachterin in ihrer Abschlussarbeit:

> »Ich war in den (vorangegangenen) Beobachtungsstunden häufig unsicher und schwankte zwischen dem Wunsch, mit meiner Aufmerksamkeit bei Lilly zu sein und Minas Erwartungen an mich nicht allzu sehr zu enttäuschen. Häufig spürte ich den inneren Druck meine Beobachterrolle zu halten und nicht dem (eigenen sowie projektiv übernommenem) Drängen nach einer vermeintlich normalen Begegnung nachzugeben. Mina wollte eine liebevolle und gut versorgende Mutter sein. Ich spürte jedoch auch ihre Schwierigkeit, das für beide richtige Maß an Nähe und Getrenntheit zu finden. Ihre, aus dem Wunsch nach Ablösung resultierenden Schuldgefühle führten projektiv dazu, dass ich mich als schlechte Beobachterin und feindlich trennendes Element fühlte.«

Auch erleben wir mit, wie die verlässlich wiederkehrende Beobachterin entlang ihrer Gegenübertragungsgefühle und der regelmäßigen Diskussion in der Supervisionsgruppe im Spannungsfeld der Familie als erwünschte und zugleich bekämpfte Dritte die Positionen der Eltern und des Kindes (mit-)fühlt, durchdenkt, zusammenführt.

In der 31. Lebenswoche fällt der Beobachterin auf:

»Je weiter sich Mina [die Mutter] von Lilly abgrenzen wollte, desto stärker wurde im Gegenzug, meine Identifizierung mit Lilly, sodass die Beobachtungsstunden zum Teil sehr schwer und leidvoll für mich wurden. Ich hatte oft Schwierigkeiten zu beobachten, ohne mit meinen Gedanken abzudriften. Das Abdriften hatte die Funktion eines emotionalen Rettungsrings. Ich verlor den Fokus und erlebte die Stunde wie in einem Nebel. Durch die Identifizierung mit Lilly konnte ich spüren, wie fragil ihre Beziehung zur Mutter war, weil diese mit ihrer Fähigkeit zur Einfühlung haderte und immer wieder ihre harte (und manchmal auch strafende) Seite zum Vorschein kam. Sie schwankte innerlich zwischen einer bedürfnisorientierten Haltung und dem Neid auf die eigene Tochter, die so viel mehr an Fürsorge von ihr bekam als sie selbst vermutlich von ihrer eigenen Mutter.«

Die Beobachterin ist nicht nur Empfängerin für den innerseelischen Konflikt der Mutter, sondern auch für das Kind treue Bezugsperson und Zeugin seiner Entwicklung, während seine moderne Kleinfamilie durch Mutter-Vater-Ersatzfiguren und Kita die Interessen der Erwachsenen zu wahren versucht. Beeindruckend ist, dass Lilly von Anfang an in der Blickzwiesprache mit der Beobachterin ihre Bedürfnisse und Nöte unterbringen kann. Paul (der Vater) berichtet im 18. Lebensmonat, dass Lilly »seit Minas Wiedereinstieg extreme Schlafschwierigkeiten habe und nachts bis zu 20 Mal aufwache und weine«. Lilly hat nun nach der Kinderkrippe eine Babysitterin, später bekam sie ein Au-pair-Mädchen. Erst am Ende der Beobachtung nach zwei Jahren, gelingt es der Beobachterin mithilfe der Supervisionsgruppe,

»die Ambivalenz der Eltern zu spüren, die nicht bewusst erlebt werden konnte, und dadurch projektiv dieses bizarre Gefühl in mir ausgelöst hatten. Es blieb der Eindruck, dass vor allem Minas Zweifel an ihren mütterlichen Fähigkeiten es ihr unmöglich machten, meinen Dank anzunehmen. Ihre Enttäuschung über mich war groß und ließ kaum Raum für positive Gefühle zur Beobachtung (neben einer verständlichen Freude über das Ende). Erst als die Beobachterin die mütterliche Ambivalenz nicht mehr zu containen hat, kann sie schreiben: Wieviel ich in der

Babybeobachtung von Lilly und ihrer Familie gelernt hatte, konnte ich erst nach einiger Zeit wieder fühlen.«

Auch auf die Gefahr hin, dass die Leser*innen des ersten *Jahrbuchs* diesen Abschnitt kennen, möchte ich für Einsteiger kurz den Aufbau der Säuglings-beobachtung nach der Methode von Esther Bick erklären: Die Beobachterin besuchte über zwei Jahre einmal in der Woche das Baby und seine Familie. Unterbrechungen entstanden durch Ferienzeiten, Feiertage, Krankheiten. Nach jeder vierten Beobachtung stellte sie das Baby mit einem Protokoll in der Grup-pe vor. Ein*e Protokollant*in, die*der dem (jeweiligen) Baby zugeordnet ist, hält die Gruppendiskussion während der gesamten Beobachtungszeit fest. Das Diskussionsprotokoll wird dann vor der nächsten Vorstellung verlesen, um den Anschluss an die Entwicklungsgeschichte des Kindes wiederherzustellen. Diese Arbeit mag aufwendig erscheinen und manche Supervisor*innen scheuen sich möglicherweise, sie den Beobachter*innen zuzumuten. Aber diese vierte Schleife der Verarbeitung – Suzanne Maiello nannte sie »mentale Verdauung« – führt im Gegenteil in eine Erleichterung, weil jedes Gruppenmitglied noch eine weitere Übung erfährt, wenn es die Diskussion über das Material und die Reaktionen der Gruppe präzise formuliert, zusammenfasst und mit eigenen Gedanken ergänzt.

Lilly – Eine Säuglingsbeobachtung

Die Beobachterin als erwünschte und bekämpfte Dritte

Nina Maschke

Jahrbuch für teilnehmende Säuglings- und Kleinkindbeobachtung 2022, 59–86
https://doi.org/10.30820/9783837931990-59
www.psychosozial-verlag.de/jtskb

Zusammenfassung: In der vorliegenden Arbeit wird die zwei Jahre dauernde Säuglingsbeobachtung eines kleinen Mädchens vorgestellt. Neben der Auseinandersetzung mit dem körperlichen und psychischen Reifen der kleinen Lilly war die Beobachterin auch Zeugin der psychischen Herausforderungen von Eltern-, und insbesondere von Mutterschaft. Die Fähigkeit, dyadische und triadische Beziehungszustände gleichberechtigt zu erleben und zu halten, ist dabei zentral. Die Säuglingsbeobachtung hatte auch in diesem Fall eine doppelte Funktion: durch ihre Spiegelfunktion konnte sie die mütterliche Rêverie stärken und gleichzeitig, die Einfühlung behindernde, transgenerationale Konflikte sichtbar werden lassen.

Schlüsselwörter: Säuglingsbeobachtung, mütterliche Rêverie, Dyade, Triade

Plötzlich Beobachterin: Die kurze Suche nach einer Beobachtungsfamilie

Die Suche nach einer Familie verlief sehr unproblematisch und war bereits nach wenigen Wochen abgeschlossen. Ich bekam über meine damalige Mitbewohnerin einen Kontakt zu ihrer schwangeren Arbeitskollegin vermittelt. Die Kollegin erwartete ihr zweites Kind und hatte sich im Gespräch sehr offen und interessiert gezeigt. In einer ersten E-Mail beschrieb ich zunächst mein Anliegen und duzte sie ganz selbstverständlich, was einer Gewohnheit unter Gleichaltrigen entspricht und mir passender erschien als ein förmliches Siezen. Im Nachhinein wurde mir klar, dass ich dadurch bereits eine künstliche Nähe und Vertrautheit erzeugt habe und das Ungewöhnliche und für beide Seiten Neue an unserer Begegnung verleugnete.

In dem ersten Telefongespräch mit der Mutter erfuhr ich einige Hintergründe über die Familie und dass sie bereits einen vierjährigen Sohn haben. Wir sprachen über die Bedeutung der Babybeobachtung als Teil der psychoanalytischen Ausbildung und dass wir die normale Entwicklung eines gesunden Kindes beobachten sollen.

Ich realisierte in diesem Gespräch, dass ich die Idee der Beobachtung noch nicht wirklich verstanden hatte und fragte mich fortlaufend, was die Familie davon haben könnte. Aus diesem Grund war ich fast überrascht, als Mina, so der Name der Mutter, mir kurzentschlossen ein Treffen vorschlug. Wir verabredeten uns gemeinsam mit ihrem Mann bei ihnen zu Hause. Nach dem Gespräch hatte ich ein sehr positives Gefühl, da mir Mina sympathisch war und den Eindruck vermittelte, dass sie wirklich Interesse an der Beobachtung hat. Rückblickend fällt mir auf, dass sich hier bereits ein wichtiges Thema der Beobachtung zeigte: das Fehlen von Übergängen. In dieser frühen Phase hätte das Nachdenken über die Bedeutung der Beobachtung und ein Abwägen auf beiden Seiten einen Übergang darstellen können. Im Laufe der Beobachtungszeit wurde auch immer wieder deutlich, wie kraftvoll die Verleugnung der Differenz zwischen der Mutter und mir war. Ausgelöst von einer anfänglichen Unsicherheit entwickelte sich eine pseudofreundschaftliche Beziehung zwischen ihr und mir. Meine Babybeobachtung begann gleich im ersten Jahr meiner Ausbildung und so verstand ich erst allmählich den tatsächlichen Sinn und hatte dann zunehmend Schwierigkeiten, in meiner Rolle denkfähig zu bleiben.

Das Treffen mit den werdenden Eltern

Die Vorbesprechung fand an einem Vormittag unter der Woche statt. Das Telefongespräch mit Mina lag bereits einige Wochen zurück und ich war unsicher, ob sie sich an unseren Termin erinnern würden. Dieses Gefühl stand im Kontrast zu meinem sicheren Gefühl/Eindruck nach dem Telefongespräch.

Ich unterhielt mich zunächst mit Mina, die mittlerweile im achten Schwangerschaftsmonat war und hochschwanger auf mich wirkte. Im Kontrast zu ihrer zierlichen Statur und der körperbetonten Kleidung wirkte ihr Bauch riesig. Mir gefiel die geschmackvoll eingerichtete und großzügige Altbauwohnung, in der ich mich gleich wohlfühlte. Es stellte sich ein angenehmes Gefühl der Vertrautheit ein. Ich hatte den Wunsch, dass sie mich sympathisch findet und deshalb der Beobachtung zustimmt, obwohl doch vielmehr die Beobachtung als solche im Vordergrund stehen sollte. Der Vater kam erst einen Moment später hinzu und berichtete gleich, dass er heute krankgeschrieben sei. Mich verwunderte seine Aussage, da wir doch zu dritt verabredet waren. Er trat anders auf als seine Frau, die während des gesamten Gespräches den Eindruck vermittelte, dass sie sich bereits für die Beobachtung entschieden hätte. Er stellte viele kritische Fragen zur Beobachtung und machte sich insbesondere Sorgen darüber, wie der ältere Sohn die Beobachtung aufnehmen werde.

»Paul ist sichtlich unbefriedigt von meiner Aussage und fragt nach der wissenschaftlichen Objektivität des ›Versuchsaufbaus‹. Er sei Naturwissenschaftler und denke, dass allein meine Anwesenheit die Familiensituation verfälscht. Wenn ich jetzt ›stumm dasitzen‹ würde, wäre das ja noch unnatürlicher, als wenn ich wie eine normale Besucherin agieren würde. Ich erkläre, dass es nicht darum gehe, so zu tun, als wäre ich nicht da, sondern nicht unnötig in das Geschehen einzugreifen. Sie sollten einfach ihren Alltag haben und nicht das Gefühl, dass sie mich wie einen Gast betreuen müssen. Mina schaltet sich wieder vermittelnd ein und sagt, dass A. am Anfang sowieso in der Kita sein werde (wir haben uns für einen Termin am Vormittag verabredet). Danach, wenn sie wieder arbeiten werde nach der Elternzeit, müssten wir sowieso einen anderen Termin vereinbaren« (Protokoll des Vorgesprächs).

Der Vater drückte in der Stunde seine Sorgen in Bezug auf seinen, von ihm als sensibel bezeichneten, Sohn aus. Vermutlich beschäftigten sich die Eltern mit der Frage, wie sich Alberts Position in der Familie verändern wird und wie sehr er noch in ihrem Blick bleiben kann, wenn das Baby geboren ist. Darüber hinaus stellte er sich die Frage, wie sich die Beobachtung für ihn anfühlen und ob er als Vater eventuell geprüft werde. Ich nahm eine starke Identifizierung von Paul mit seinem Sohn wahr. Im Laufe der zwei Jahre wurde in der Familie immer wieder über die charakterliche Zuordnung Paul – Albert und Mina – Lilly gesprochen. Während die »Männer« zart und sensibel seien, seien die »Frauen« robust und willensstark. Paul war davon überzeugt, dass sie sich als unerfahrene Eltern mit dem ersten Kind keine Beobachtung hätten vorstellen können, beim zweiten würden sie nun wissen, wie es geht. Das Verständnis der elterlichen Fähigkeiten als bloßes Wissen und Erfahrungsschatz irritierte mich etwas, da es die Beziehung mit einem ganz anderen Kind verkennt. Pauls Fragen und seine kritische Haltung gegenüber der Beobachtung verunsicherten mich stark. Es entwickelte sich in mir das drängende Gefühl, die halbe Zusage nicht zu verlieren und die Eltern nicht durch zu viel unbedachtes Sprechen zu vergraulen. Im Sinne einer Vermeidung von Übergängen befand auch ich mich nicht mehr in einem Stadium des inneren Wandels von der Position der Suchenden zur Position der Beobachterin, sondern begann bereits meine Position mit Beschwichtigungen zu verteidigen. Die Frage des Vaters, ob ich am Ende der zwei Jahre einen Bericht schreiben werde, bejahte ich zwar, verschwieg ihnen jedoch meine Teilnahme an einer Supervisionsgruppe. Pauls Sorgen fielen bei mir auf den Nährboden eigener Zweifel an dem Unterfangen. Ich erlebte mich in dem Gespräch als über die Maßen Fordernde und Eindringling in die Familie. Mit dem ständigen Gedanken an eine abstinente Haltung bewertete ich kontinuierlich mein Auftreten und wurde zunehmend gehemmter. Mina vermittelte immer wieder zwischen mir und ihrem Mann und verteidigte dabei ihre Entscheidung für die Beobachtung.

Sie berichtete auch noch von ihren Fantasien über die ungeborene Tochter. Sie könne sich gut vorstellen, dass das Kind lebhaft und anstrengend sein könnte, ganz im Gegensatz zu Albert, der ein ruhiges und pflegeleichtes Baby gewesen sei. Zum Abschluss des Gespräches sagte sie mir zu und fügte an ihren Mann gerichtet hinzu, dass er wahrscheinlich noch Bedenkzeit bräuchte. Paul lehnte die Bedenkzeit ab und sagte mir ebenfalls mit Überzeugung in der Stimme zu. Ich war etwas perplex über die plötzliche Eindeutigkeit. Wir verabredeten, dass sie sich nach der Geburt bei mir melden würden.

Die erste Begegnung mit Lilly

Lilly wurde eine Woche nach dem errechneten Termin Anfang Februar geboren. Drei Wochen später besuchte ich die Familie zum ersten Mal. Den Termin hatte ich mit der Mutter am Telefon verabredet, als Lilly erst wenige Tage alt war. Während des kurzen Gesprächs hatte ich vergessen nach dem Namen des Kindes zu fragen, zu sehr war ich auf die Eltern und ihre finale Zusage zur Babybeobachtung fokussiert.

In der ersten Beobachtungsstunde traf ich direkt auf Mutter und Baby in der Stillsituation und war beruhigt, dass Mina diesbezüglich einen sehr entspannten Eindruck machte. Nachdem ich einen kleinen Blumenstrauß und die Glückwünsche zur Geburt überbracht hatte, erfragte ich sogleich neugierig den Namen des Babys.

»Lilly trinkt ziemlich beiläufig und döst immer wieder ein. Wenn sie trinkt, höre ich genüssliche Schmatzgeräusche. Ansonsten bewegt sie sich kaum, die Augen sind

geschlossen oder nur einen Spalt breit geöffnet und ihre Händchen hat sie rechts und links an ihre Schläfen gelegt, so als würde sie ihr Gesicht und ihre Augen schützen. Mina erzählt, dass Lilly nicht ausreichend zunehme, weil sie immer so schnell beim Trinken einschlafe. Ich denke, dass es wahrscheinlich so angenehm und gemütlich ist, dass sie ganz entspannt einschlafen kann. Ansonsten sei Lilly aber ein ›Brummer‹ und sei schon bei der Geburt recht groß gewesen. Auf mich wirkt Lilly sehr entspannt, gesund und wenig zerbrechlich, so als wäre sie gar nicht mehr so klein. Außerdem hat sie viele lange dunkle Haare, die sie älter wirken lassen. Ich sage Mina, dass Lilly wirklich hübsch ist und so tolle Haare hat. Sie erwidert, dass die ja leider alle noch ausfallen werden« (1. Beobachtungsprotokoll/3 Wochen alt).

Die Aussage der Hebamme zu Lillys Körpergewicht schien in Mina eine Verunsicherung auszulösen und so hatte ich vermutlich das Gefühl, ihr zum Ausgleich etwas Positives zu ihrem Kind sagen zu müssen. Mutter und Kind sind zu einem so frühen Zeitpunkt noch sehr störanfällig und die Bemerkung der Hebamme hatte anscheinend wie ein Gift gewirkt, das sehr wirksam ist und deswegen bekämpft werden muss. Wir sprachen nicht über die Geburt oder die ersten Lebenswochen, stattdessen begann Mina mich sogleich über meinen vergangenen Urlaub zu befragen. Wir waren beide unsicher und versuchten dem Treffen den Anschein einer gewöhnlichen Verabredung unter Bekannten zu geben. Ich spürte, wie stark Minas Angebot war, mir als Freundin zu begegnen, und merkte, dass ich ähnliche Signale aussendete. Der Verzicht auf ein Gespräch über die Geburt und die ersten Tage ließ den tatsächlichen Anlass unserer Begegnung in den Hintergrund treten. Es war für die Mutter noch schwierig, sich vorzustellen, dass ich mich einfach so für ihr Baby interessiere und dass sie die Begegnung nicht konkret gestalten muss.

Lillys wechselnde Zustände der Wachheit und Schläfrigkeit, die ich in der ersten Stunde beobachte, stellten ein Austarieren dar zwischen dem pre- und postnatalen Erleben. Sie schafft sich in der Stillsituation mit den Händen über den Augen eine Begrenzung zur Außenwelt. Sie schützte sich damit auch vor dem hellen Licht im Wohnzimmer und spürte ihre Körpergrenzen am Kopf und an den Armen wie zuvor im engen Mutterleib. Ihre Verdauung war noch unregelmäßig und wie das häufige Trinken und Einschlafen noch mit dem vorgeburtlichen Zustand verwandt. Der Weite und Offenheit der postpartalen Welt konnte sie sich nur in kurzen Sequenzen zuwenden. In ihrem Erleben schien ihr Körper auseinanderzufliegen, wenn sie längere Zeit nicht von der Mutter gehalten wurde. Ihre Gesichtsausdrücke veränderten sich schlagartig, sie schaute zunächst wach in die Welt und verkrampfte dann unvermittelt mit weit abgespreizten Armen.

Diese unterschiedlichen Zustände waren in ihrer Rohheit schwer auszuhalten und ich stellte beim Schreiben oft fest, wie schwierig es war, dafür entsprechende Worte zu finden.

Die ersten Monate – Einfinden in neue Rollen

Die erste Beobachtungszeit war bestimmt von einem allmählichen Ankommen in der neuen Situation. Lillys Zustand erinnerte immer weniger an das intrauterine Leben und sie konnte sich der Welt deutlich wacher zuwenden. Mina fand in ihre Rolle als Mutter eines Säuglings hinein und ich in die einer Beobachterin.

»Mina nimmt sie von der Schulter und legt sie in das Maxi Cosi. Nun steht sie mir direkt gegenüber und ich kann sie sehr gut sehen. Ihr Blick wird aufmerksamer und interessierter und sie beginnt mich ganz freudig anzulächeln. Ihr Körper ist jetzt ganz angespannt, sie macht Krabbelbewegungen in der Luft, lächelt und macht dabei quietschende Geräusche, die ich noch nicht von ihr gehört habe. Ich habe sie noch nie so wach und geistig anwesend erlebt und freue mich darüber, heute mal was zu sehen, nachdem sie die letzten beiden Male hauptsächlich geschlafen hat. Ich sage das und Mina erwidert, dass sie immer noch viel schlafen würde, aber auch viel anwesender sei, wenn sie wach wäre. Insgesamt sei sie ›ein Goldstück‹ was das Schlafen angehe, auch nachts würde alles reibungslos laufen mit dem Einschlafen nach dem Stillen« (4. Beobachtungsprotokoll/8 Wochen alt).

Lilly interessierte sich zunehmend für Gesichter und nahm aktiv Blickkontakt zu mir auf. Die libidinöse Besetzung des Mundbereichs drückte sich neben dem Trinken an der Brust im Nuckeln am Schnuller oder der Hand und einem Spiel mit der Zunge aus. Lilly bewegte ihre Zunge zwischen den Lippen, hielt sie umschlungen oder streckte sie heraus. Vor allem in Stillsituationen, in denen der Mundbereich Erregung verspürte, erkundete sie mit den Händchen ihren Körper und den der Mutter. Sie umfasste und zupfte an ihrem Ohr oder strich sich über die Haare am Hinterkopf. Die Brust wurde von ihr ertastet und im Wechsel strich sie über die Haut und die Kleidung der Mutter. Dadurch verließ sie allmählich ihren Lilly-Mutter-Kokon und machte erste differenziertere Trennungserfahrungen. Es war interessant, welch große Bedeutung eine rhythmische Gestaltung des Erlebens für Lilly hatte, die im Gegensatz zum embryonal Fließenden klare Grenzen im Sinne von aktiv – nicht aktiv voraussetzt und gleichzeitig an das Körpererleben im mütterlichen Bauch erinnerte.

»Ich setze mich neben Lilly auf das Sofa. Sie schaut erst einen Moment gebannt auf die Plastikfiguren des Spielrecks und bewegt dann ruckartig, ohne viel Kraft, den rechten Arm und stößt eine Figur an. Ihre Koordination ist noch nicht zielsicher, sie berührt die Figuren eher zufällig. Nach einem kurzen Intervall, in dem sie mehrmals mit dem rechten Arm nach den Figuren geschlagen hat, bricht sie ab, schaut mich, die ich direkt hinter dem Reck sitze, an und führt dann die linke Hand zu ihrem Mund. Diesen Rhythmus wiederholt sie mehrere Male. Manchmal lächelt sie mich zwischen dem Schlagen und Nuckeln kurz an. Irgendwann wird das Schlagen mit dem rechten Arm wilder und die Schläge kommen in kürzeren Abständen, was dazu führt, dass die Figuren gegeneinanderschlagen und ein lautes Geräusch machen. Sie wird dabei immer aufgeregter und ihr Blick ist voller Spannung und Konzentration. Sie ist vollständig auf die Bewegung und das Geräusch der aneinanderschlagenden Figuren fokussiert. Das Intervall des Schlagens dauert länger als zuvor, sie bricht es jedoch genauso abrupt ab und bewegt den linken Arm Richtung Mund. Sie nimmt die Hand aber nicht in den Mund, sondern scheint zu gebannt zu sein von den nach wie vor wild schaukelnden und lärmenden Figuren. Bevor diese zur Ruhe kommen, beginnt sie wieder wild nach ihnen zu schlagen. Diesen schnellen Rhythmus behält sie über circa fünf Runden bei. In jeder Runde führt sie die Hand zum Mund, stoppt aber kurz davor und beginnt wieder von Neuem, gegen die Figuren zu schlagen« (8. Beobachtungsprotokoll/12 Wochen alt).

Diese Szene war für mich überaus interessant. Ich konnte beobachten, bis zu welchem Grad es Lilly schon gelang, die (selbst erzeugte) Erregung zu containen. Solange die Figuren in normalem Ausmaß schaukelten, schaffte sie es, sich mit dem Nuckeln an der Faust zu zentrieren und sich vermutlich als Initiatorin der Aktion zu erleben. Als diese Schwelle überschritten wurde, hatte sie jedoch die Erinnerung an die stabilisierende Nuckelerfahrung verinnerlicht. Sie brauchte das konkrete Nuckeln nicht mehr zur eigenen Sortierung. Es war dann aber auch zu sehen, wie fragil dieser neue Zustand noch war. Ich konnte förmlich spüren, wie nah sie sich dem Grenzbereich zur Überflutung befand.

In den ersten Beobachtungsstunden konnte ich oft sehen, dass es in Lilly, neben dem Interesse an der Welt, das sie in einen körperlich aktiven Zustand der Erregtheit und Bewegung versetzte, als Zwischenstufe einen Zustand der größeren Zurückgenommenheit gab. Dann beschränkte sich die Aktivität auf den Mundraum. Bei Müdigkeit oder Überstimulierung wandte Lilly sich von der Welt ab. Dann vermied sie Blickkontakt und wurde körperlich schlaff. Die Abwesenheit der Mutter führte sie, je länger sie andauerte, in einen erregten Zustand. Sie brauchte die konkrete Anwesenheit ihre Mutter, um sich zu beruhigen und zu zentrieren. Mein Blick reichte hier noch nicht als ausreichend haltgebend aus.

Für Mina begann nach den ersten Wochen der großen Nähe und Verbundenheit die Phase der allmählichen Ablösung, so als wolle sie den embryonalen Zustand des ständigen Fließens verlassen. Sie wollte nicht mehr, dass Lilly ohne zu trinken an der Brust liegt, und zog damit eine Grenze zwischen ihrem und Lillys Bedürfnis. In der Supervisionsgruppe diskutierten wir, ob sich das Zusammensein mit dem abhängigen Säugling für die Mutter zuweilen wie ein Gefängnis anfühlte. Immer stärker wurde ihr eigenes Bedürfnis, Abläufe zu kontrollieren und ihren Rhythmus wiederzufinden.

»Lilly schaut noch zu Mina, wendet aber immer wieder ihren Blick ab in die Mitte zwischen uns, wobei sie ganz aktiv an ihrem Schnuller nuckelt. Mina stellt fest, dass sie wohl langsam müde werde, weil sie dann immer den Blickkontakt vermeide und ins Leere starre. Sie streichelt ihr über den Kopf und die Augen, aber Lilly kommt nicht richtig zur Ruhe. Sie macht winselnde Geräusche und hat obendrein ziemlich starken Schluckauf, der sie nicht einschlafen lässt. Ich habe das Gefühl, dass Lilly vielleicht etwas mehr Zeit bräuchte, um ›runterzukommen‹, und dass sie eher einschlafen könnte, wenn wir sie nicht anstarren und anfassen würden. Ich stelle fest, dass die Stunde schon wieder rum ist, und hole meine Jacke. Mina fragt, ob ich noch zwei Minuten warten möchte, dann würden sie und Lilly mitkommen und noch etwas besorgen. Außerdem schlafe Lilly im Wagen immer ganz schnell ein. Ich warte und wir verlassen dann gemeinsam die Wohnung« (4. Beobachtungsstunde/8 Wochen alt).

Ich war in den Beobachtungsstunden häufig unsicher und schwankte zwischen dem Wunsch, mit meiner Aufmerksamkeit bei Lilly zu sein und Minas Erwartungen an mich nicht allzu sehr zu enttäuschen. Häufig spürte ich den inneren Druck, meine Beobachterrolle zu halten und nicht dem (eigenen sowie projektiv übernommenem) Drängen nach einer vermeintlich normalen Begegnung nachzugeben. Mina wollte eine liebevolle und gut versorgende Mutter sein. Ich spürte jedoch auch ihre Schwierigkeit, das für beide richtige Maß an Nähe und Getrenntheit zu finden. Ihre aus dem Wunsch nach Ablösung resultierenden Schuldgefühle führten projektiv dazu, dass ich mich als schlechte Beobachterin und feindlich trennendes Element fühlte.

»Mina nimmt Lilly aus dem Kinderwagen und legt sie in den Maxi Cosi, der im Schatten unter einem Baum steht. Ich bin etwas überrascht, weil ich davon ausge-

gangen bin, dass sie Lilly so direkt nach dem Aufwachen auf den Arm nehmen wird. Als sie mir dann auch noch einen Stuhl neben Lilly stellt, habe ich den Eindruck, sie macht das für mich und die Beobachtung. Mina setzt sich dann daneben auf die Wiese und schäkert ein bisschen mit Lilly, die aber ganz unzufrieden und fast schon wütend schaut« (6. Beobachtungsprotokoll/11 Wochen alt).

Lillys Wunsch nach körperlicher Nähe konnte in dieser Situation von ihrer Mutter nicht beantwortet werden. In mir breitete sich ein beklemmendes, verlassenes Gefühl aus und ich fühlte mich für die Zurückweisung verantwortlich. Mina war darauf bedacht, dass Lilly ein pflegeleichtes und nicht zu anhängliches Kind ist. Sie erzählte mir in vordergründig anerkennendem Tonfall, dass ihre eigene Mutter bereits fünf Wochen nach ihrer Geburt wieder gearbeitet hätte und sie von einem Kindermädchen betreut wurde. Sie selbst war ambivalent in Bezug auf ihre Entscheidung, das erste Jahr in Elternzeit mit dem Baby zu Hause zu bleiben, weil sie berufliche Einbußen befürchtete. Vermutlich aktivierte der Umgang mit dem Baby auch die eigenen Verlassenheitsgefühle und erzeugte einen Neid auf die eigene Tochter, die so viel mehr an Zuwendung bekam als sie selbst damals. Das Bedürfnis der Mutter, selbst versorgt zu werden, zeigte sich häufig und konkurrierte zuweilen mit den Bedürfnissen des Babys. Lillys temperamentvolles Einfordern von Nähe sowie die Fähigkeit zur Abgrenzung wurden von Mina vielleicht unbewusst als gieriger Angriff auf sie erlebt. Glücklicherweise half Lillys ausdrucksstarke Emotionalität bei der Vermittlung ihrer Wünsche und machte sie weniger störanfällig gegenüber den mütterlichen Neidgefühlen.

Beginn der Ablösung und die Bedeutung des Blicks

Lillys häufige Erkältungskrankheiten, die sich im Laufe der zwei Jahre zu einer chronischen Bronchitis und mehreren Lungenentzündungen entwickelten, spielten eine wiederkehrende Rolle in der Beobachtung. Zum ersten Mal erlebte ich eine kranke Lilly in der zehnten Beobachtungsstunde.

»Lilly fängt an, dauerhaft zu weinen, dabei muss sie auch husten, was das Weinen verstärkt. Mina möchte sie wickeln und noch mal Fieber messen. Als Lilly ohne Windel auf dem Wickeltisch liegt, ist sie kurz vergnügter und lächelt. Sie greift nach ihren Fußzehen und zieht die Beinchen heran. Sie kann schon viel exakter greifen als beim letzten Mal. Das Einführen des Thermometers scheint sie nicht zu stören. Sie hat kein Fieber mehr. Mina zieht ihr gleich darauf eine Windel und die Hose

an, dabei wird sie wieder unruhiger. Mina sagt, dass Lilly sehr müde sei und gegen die Müdigkeit ankämpfe, sie werde sie ein bisschen rumtragen. Ich frage, ob es sie stört, wenn ich ihr >wie ein Schatten< hinterherlaufe, ansonsten könne ich mich auch irgendwo hinsetzten. Sie sagt: >Nein, quatsch!<, und so laufen wir durch die Zimmer. Lilly hängt so auf ihrem Arm, dass sie mich, die ich hinter Mina gehe, sehen kann. Sie schaut mir die ganze Zeit in die Augen, ohne den Blick abzuwenden oder zu lächeln. Der Mund bleibt ungewöhnlich regungslos. Nach ein paar Minuten fängt sie wieder an zu weinen. Mina stellt sich auf die Matratze, die in dem Zimmer liegt, in dem auch der Wickeltisch steht, und hüpft leicht auf ihr. >Wenn nichts mehr geht beim Einschlafen< mache sie dies. Lilly beruhigt sich aber nicht, schließt nicht die Augen und wird auch nicht ruhiger« (10. Beobachtungsprotokoll/17 Wochen alt).

In dieser Stunde konnte ich das erste Mal beobachten, wie sehr eine Situation von Verzweiflung und Traurigkeit bestimmt ist, wenn normale Abläufe und Rhythmen nicht mehr funktionieren. Die Belastung der Mutter durch den Schlafmangel nahm eine existenzielle Form an und ließ mich ohnmächtiger denn je in meiner Position fühlen. Weil Lilly krank war, wirkte auch ihre Mutter noch hilfebedürftiger und schwächer als sonst auf mich. Durch verstehende Blicke versuchte ich sie noch mehr als sonst zu stützen. Zeitgleich wollte sie Lilly langsam abstillen und mittags an Brei gewöhnen. Die Einführung des Breis war jedoch zu diesem Zeitpunkt zu viel für Lilly. Sie sollte einen Entwicklungsschritt machen, für den sie während der Krankheit noch nicht bereit war. Zusätzlich zu ihrem qualvollen Husten und der sichtbaren Erschöpfung war Lilly nun auch damit konfrontiert, den Ansprüchen ihrer Mutter nicht gerecht zu werden. Als Lilly im Anschluss an den Brei gestillt wurde, zeigte sich die ambivalente Haltung der Mutter gegenüber Lillys Bedürftigkeit sehr deutlich.

»Wir gehen ins Wohnzimmer und setzen uns auf das Sofa. Mina sagt, dass sie Lilly eigentlich mittags nicht mehr ausschließlich stillen wolle, aber wenn sie so wenig Brei esse, dann habe sie sicher noch Hunger und Durst. Sie legt sie an ihre rechte Brust. Lilly hat jetzt beide Arme um ihren Kopf gelegt, sodass ich ihr Gesicht beim Trinken nicht sehen kann. Sie scheint aber gut zu trinken. Ihre Arme umschließen zum einen ihr Gesicht und zum anderen die Brust, wodurch sich die Kontaktstelle zwischen ihrem und Minas Körper vergrößert hat. Außerdem verdunkeln die Arme ihre Augen. Die Haltung wirkt auf mich sehr angenehm und geborgen. Nach circa zwei Minuten hört sie auf zu trinken und lässt die Brustwarze los. Sie nimmt die Arme vom Gesicht an den Hinterkopf und lächelt Mina an. Jetzt sieht sie ganz ent-

spannt und rosig aus. Sie schaut mit weit geöffneten Augen. Mina ist überrascht, dass sie keinen Durst mehr hat, und sagt, dass Lilly heute selbst nicht wisse, was sie wolle« (10. Beobachtungsprotokoll/17 Wochen alt).

Lilly und Mina waren beide sehr klar im Ausdrücken ihrer Bedürfnisse, die natürlicherweise nicht immer deckungsgleich waren. Mina fühlte sich gelegentlich von Lilly verführt, sich gegen ihren Willen den Verschmelzungstendenzen hinzugeben. Das Nebeneinander unterschiedlicher Zustände, die in diesem Alter noch nicht integriert werden können, verwirrte Mina und ließ sie vermuten, dass Lilly sie »verkohlen« wolle, wenn diese beispielsweise kurz nachdem sie geweint hatte zu lächeln begann. Lilly wuchs mit einer Mutter auf, die vermutlich eigene traumatische Trennungserfahrungen gemacht hatte und die fundamentale Abhängigkeit ihrer Tochter von ihr aus großer eigener Angst verleugnete. Diese Verleugnung führte zu zuweilen sadistischen Tendenzen im Handeln. Es war dann nicht die Mutter, die ihr Kind (verständlicherweise) nicht immer verstehen kann, sondern das Kind kommunizierte per se nicht verständliche Gefühle, auf die es zwangsläufig keine Antwort geben konnte.

Über die gesamte Beobachtungszeit hinweg fiel auf, wie intensiv Lilly mich anschaute. Zuweilen hatte ich das Gefühl, dass sie meinen Blick regelrecht ansaugte. Wir überlegten in der Gruppe, ob ihr mein Blick einen mentalen Raum zur Verfügung stellte, in dem ein bloßes Zusammensein ohne aktiven Handlungsbedarf möglich war. Es gab insgesamt wenige Momente, in denen Lilly sich selbst überlassen wurde, sei es alleine oder in Anwesenheit der Eltern. Der Schnuller wurde ein wichtiges Instrument zur Beruhigung und von Lilly sehr gut angenommen. Es kamen in den Stunden auch unzählige Spielzeuge zum Einsatz. Lilly gelang es, sich unter meinem Blick ausdauernd mit den Spielsachen zu beschäftigen, oder mit einem flirtartigen Lächeln mit mir zu kommunizieren. Lillys Freude wurde von Mina oft zusätzlich aktiviert, indem sie sie kitzelte oder zärtlich stupste. Lilly lachte und gluckste dann laut, was im Gegensatz stand zu den wenigen Lauten, die sie ansonsten von sich gab. Es schien der Mutter wichtig zu sein, ein frohes Kind zu haben, weil eine lachende Lilly wahrscheinlich als positive Rückmeldung zur guten mütterlichen Pflege erlebt wurde. Zeigte Lilly hingegen Anzeichen von Unzufriedenheit, wurden diese von der Mutter häufig als Langeweile interpretiert. Die Umstellung vom ausschließlichen Stillen zu fester Nahrung stellte einen weiteren Entwicklungsschritt weg vom frühkindlichen Zustand dar. Lilly entwickelte sich vom saugenden Baby zum Kleinkind, allerdings war das Nuckeln am Schnuller weiterhin von großer Bedeutung für sie und auch das Trinken an der Teeflasche ermöglichte ihr regressives Erleben.

»Das Füttern wirkt auf mich schon sehr eingespielt und routiniert, die Abfolge klappt gut und es gibt keine Verzögerungen. Mina begleitet das Füttern mit Kommentaren, wie gut es heute schmeckt und dass Lilly wohl richtig Hunger habe. Dann macht sie eine kurze Pause und bietet Lilly die Flasche mit Tee an. Sie trinkt schnell und mit großem Durst. Dabei verändert sich ihr Blick: Sie schaut jetzt nicht mehr zu mir, sondern starr vor sich auf die Flasche. Gleichzeitig umfasst sie die Flasche mit den Händen. Diese Szene wirkt ganz innig, ganz anders als das Füttern mit dem Brei, und erinnert mich an die Stillsituationen, in denen Lilly ganz bei sich war und die Nähe zu Mina sichtbar sehr genossen hat« (16. Beobachtungsprotokoll/26 Wochen alt).

Das Füttern nahm ich häufig als sehr technisch im Sinne einer »Fütterung« wahr. Es fehlte oft an einem sinnlichen Umgang mit der Nahrung. Lilly gelang es jedoch, die Szenen positiv umzugestalten, indem sie über lange Zeit einen intensiven Blickkontakt mit mir hielt. Die mentale Bedeutung von Nahrung erfuhr sie über den tiefen Blick zu mir, während ihre Mutter sie gut und ausreichend mit der konkreten Nahrung versorgte. Einige Wochen später versuchten die Eltern Lillys Schlafrhythmus mithilfe einer Ratgebermethode zu beeinflussen. Ausgelöst wurde das Training als Reaktion auf den als unregelmäßig und nicht ausreichend erholsam erlebten Schlaf von Lilly. Die Schlafschwierigkeiten verstanden wir in der Gruppe auch als einen Ausdruck des Mangels an guten verinnerlichten Erfahrungen mit dem primären Objekt. Kinder brauchen diese innere Sicherheit, um sich von der Welt verabschieden und einschlafen bzw. über längere Phasen schlafen zu können und Lilly schien – im Gegensatz zu ihrem positiven und fröhlichen Wesen im Wachen – in der Übergangssphäre zum Schlaf Schwierigkeiten zu haben.

»Während mir Mina weiterhin von der Methode erzählt, wendet sie sich immer mal wieder an Lilly und krabbelt ihren Bauch. Ich erfahre jetzt auch, dass Lilly nur noch morgens gestillt wird und demnächst in ihrem eigenen Zimmer schlafen soll. Auch den Schnuller sollten sie ihr eigentlich bald abgewöhnen. Das Krabbeln am Bauch wirkt auf mich wie ein Versuch der Wiedergutmachung oder auch Gewissensberuhigung. Mina aktiviert sie, um sie zum Lächeln zu bringen, um selbst das Gefühl zu haben, dass Lilly in Ordnung ist. Ich spüre deutlich ihr schlechtes Gewissen und ihre Unsicherheit, ob dieses Schlaftraining nicht zu hart für Lilly ist. Sie sagt dann auch, dass sie den Eindruck habe, dass Lilly ganz genau verstehe, worüber wir gerade sprechen« (20. Beobachtungsprotokoll/31 Wochen alt).

Je weiter sich Mina von Lilly abgrenzen wollte, desto stärker wurde im Gegenzug meine Identifizierung mit Lilly, sodass die Beobachtungsstunden zum Teil sehr schwer und leidvoll für mich wurden. Ich hatte oft Schwierigkeiten zu beobachten, ohne mit meinen Gedanken abzudriften. Das Abdriften hatte die Funktion eines emotionalen Rettungsrings. Ich verlor den Fokus und erlebte die Stunde wie in einem Nebel. Durch die Identifizierung mit Lilly konnte ich spüren, wie fragil ihre Beziehung zur Mutter war, weil diese mit ihrer Fähigkeit zur Einfühlung haderte und immer wieder ihre harte (und manchmal auch strafende) Seite zum Vorschein kam. Sie schwankte innerlich zwischen einer bedürfnisorientierten Haltung und dem Neid auf die eigene Tochter, die so viel mehr an Fürsorge von ihr bekam als sie selbst vermutlich von ihrer eigenen Mutter.

Lilly entwickelte im Zuge der Reifung die gute Fähigkeit, sich selbst sowohl zu stimulieren als auch zu beruhigen. Sie schaukelte viel und heftig in ihrer Wippe, nuckelte intensiv am Schnuller oder schlug mit Gegenständen auf ihren Bauch. Dabei machte sie meistens einen lebendigen und zufriedenen Eindruck, doch ab und an kippte die Stimmung und die Szene wurde bizarr. In der letzten Supervisionsstunde fanden wir eine Beschreibung, die den Charakter eines Leitmotivs hat: »*Das, was Lilly übergestülpt wird, scheint ihr nicht zu passen, dennoch wirkt sie in sich stimmig und von Freude erfüllt*« (Supervisionsprotokoll der 68. Beobachtungsstunde).

Öffnung des mentalen Raumes: Das Dritte wird interessanter

In der ersten Phase meiner Babybeobachtung arbeitete Mina nicht und war tagsüber mit Lilly zu Hause. Den Vater Paul hatte ich nur sehr selten und wenn eher am Rande erlebt. In der Gruppe waren wir gespannt, ob mit ihm ein Miteinander jenseits des Dogmas sachlicher Notwendigkeiten möglich ist. Lilly schien mittlerweile über eine stabile Objektkonstanz zu verfügen und zeigte mir gegenüber ein Verhalten, das ich zunächst als Fremdeln erlebte. In der Supervisionsgruppe verstanden wir ihre Zaghaftigkeit hingegen als ein, jedes Mal aufs Neue auftauchendes, Erinnern an den lebendigen Blick, den sie zu diesem Zeitpunkt sehr brauchte. Mein »plötzliches Auftauchen« erinnerte sie an die vorangegangene Abwesenheit und Trennung, die erst im Moment des Wiedersehens für sie spürbar wurde. Da sie mich, im Gegensatz zur Mutter, nicht konkret brauchte, konnte sie ihre Angst vor einem Getrennt-Sein im Umgang mit mir spüren. Die Art und Weise, wie und wo ich als Dritte auftauchte, spielte jedoch auch eine Rolle. In einer Stunde traf ich die beiden zu Stundenbeginn im Bad an. Die Stimmung wirkte entspannt und durch die Enge des Raumes und die Wärme innig und intim. Mein Hineintreten in den Raum erlebte Lilly vermutlich als eine harsche Beendigung dieser angenehmen Situation und sie begann zu weinen. In anderen Stunden lief die Begegnung zu Beobachtungsbeginn wiederum viel harmonischer – im Sinne einer Einladung zur Annahme der dritten Position – ab.

»Wir setzen uns in die Küche auf gegenüberstehende Stühle. Lilly sitzt auf Minas Schoß, sie wird von Minas Arm gehalten, der sie umschließt. Es sieht sehr innig und nah aus und Mina reibt ihre Nase an Lillys Kopf und Wange und küsst sie auf die Schläfe. Sie ist heute ganz liebevoll mit ihrer Tochter. [...] Lilly schaut mich viel an und auch Mina schaut zu mir und dann zu ihr. Sie vergewissern sich, dass ich jetzt da bin und dass ich in meiner Rolle als Dritte willkommen bin. Dann lächelt mich Lilly an und dreht kurz darauf ihren Kopf nach rechts, um Mina anzuschauen. Die beiden schauen sich an und lachen sich an, dann lächelt Mina mich an. Ich finde es ganz spannend, wie unterschiedlich diese Anfangsszene im Vergleich zur letzten ist und wie sehr die Dreiecksbewegung zwischen uns für mich heute spürbar ist« (25. Beobachtungsprotokoll/40 Wochen alt).

Durch das Verlegen der Beobachtungsstunde auf den Nachmittag erlebte ich Lilly nun auch immer häufiger im Kontakt mit ihrem mittlerweile fünfjährigen Bruder Albert. In den ersten Begegnungen mit mir schien es ihn zu verwirren, dass ich »nur« zum Schauen komme, und er fragte immer wieder, was ich denn so Interessantes sehen könnte. Dann schlug er seiner Mutter vor, dass ich doch auf sie beide aufpassen könnte. Im Umgang mit seiner Schwester nahm er gerne die Rolle eines lustigen Clowns ein, er unterhielt sie mit Schauspielereien, in denen ich als Zuschauerin fest eingeplant wurde. Seine »Show« bewegte sich nicht selten in einem Grenzbereich zur Überstimulation, dann bedrängte er Lilly oder führte ihr seine körperliche Überlegenheit vor.

Von dem anstehenden Kitastart erfuhr ich eher beiläufig in einer der ersten Beobachtungsstunden, in denen Paul die ganze Zeit anwesend war. Bezeichnenderweise war es also der Vater, der mir von dem kommenden Trennungsschritt erzählte. Obwohl Mina nach wie vor das Gespräch mit mir suchte, hatte sie davon nichts erzählt. Parallel zum geplanten Kitabeginn waren die Eltern sehr damit beschäftigt, Lilly zum Krabbeln zu animieren. Lilly bewegte sich robbend vorwärts und vermied das Hochdrücken und damit die Bewegung in die dritte Dimension. Mina besuchte mit ihr bereits regelmäßig eine Krankengymnastikpraxis, weil sie sich Sorgen über die Folgen eines verzögerten Krabbelns machte. Hinter der Sorge steckte auch die Befürchtung, dass Lilly einfach zu faul zum Krabbeln sein könnte. Auf der anderen Seite erlebte ich die Mutter als ambivalent gegenüber Lillys »Weg-Bewegungen«. Während sie zu Hause in dem »Mutter-Kind-Gefängnis« festsaß, bewegte sich ihre Tochter sukzessive von ihr weg. Lilly spürte die Ambivalenz ihrer Eltern und die Spannung, mit der sie jeden ihrer Krabbelversuche beobachteten. Meinen Blick auf sie erlebte sie hingegen als einen entspannteren und unbesorgten. Als ich während einer Beobachtungsstunde mit ihr alleine im Zimmer war, drückte sie sich schließlich in den Vierfüßlerstand und krabbelte das erste Mal zwei Züge am Stück. Die elterliche Förderung der Entwicklung richtete sich auch auf den kognitiven Bereich. Sie boten ihr häufig Spielsachen an, bei denen beispielsweise geometrisches Denken gefördert wird. Lillys Reaktionen darauf waren jedoch oft noch altersentsprechend babyhaft, sie nuckelte an den ihr angebotenen Gegenständen und rollte sich mit ihnen in ihre bevorzugte Rücklage.

Das erste Wort überhaupt, das ich Lilly ebenfalls in dieser Stunde sagen hörte, war »nein«. Sie sprach es undeutlich aus, sodass ich beim Vater nachfragte. Er erzählte mir daraufhin, dass es Mina nicht gefalle, dass Lillys erstes Wort »nein« sei, dieses solle lieber »Mama« sein. Während Mina den Wunsch hatte, dass sich Lilly nach ihren Vorstellungen entwickelt, könnte deren erstes Wort für eine Abgrenzung von ihrer kontrollierenden Mutter stehen. Sie ließ sich nicht von ihren Eltern drängen, sondern verfügte, auch aufgrund vieler guter Objekterfahrungen, über die wesentliche Fähigkeit, bei sich und ihrem Tempo zu bleiben.

Beginn des zweiten Beobachtungsjahrs und Eingewöhnung in die Kita

Lilly wurde schließlich kurz vor ihrem ersten Geburtstag in die Kita eingewöhnt. Ich sah sie am zweiten Tag ihres Kitabesuchs, bei dem sie mit Mina für ein paar Stunden am Vormittag in der Einrichtung war. Die anstehende Trennung auf Zeit von der Mutter verarbeitete sie auf eindrückliche Weise mithilfe ihres Übergangsobjektes »Zipfelchen«. Während Mina sie zu Mittag mit Brei fütterte, legte sie Zipfelchen vor Lilly auf den Küchentisch. Da Lilly die verknoteten Ecken des Schmusetuches gerne in den Mund nahm, sollte sie es beim Füttern nicht in die Hand bekommen. Lilly wirkte sehr fragil und ertrug den Verzicht auf den unmittelbaren Kontakt mit dem Tuch sehr schlecht.

»Mina beginnt sie zu füttern. Beim ersten Löffel wendet Lilly den Kopf ab, danach nimmt sie die Löffel direkt und zügig auf. Nach ein paar Löffeln lehnt sie sich nach

vorne, greift nach Zipfelchen und schaut Mina fordernd und mit gepresstem Ausdruck an. Zur Verstärkung beginnt sie auf ihrem Stuhl nach vorne und hinten zu schaukeln. Mina sagt ihr wieder, dass sie Zipfelchen erst nach dem Essen habe könne, woraufhin Lilly mit einer klaren Geste das Spielzeugauto vom Tisch fegt. Mina wiederholt ihre Worte und legt dieses Mal ihre Hand auf Lillys Hand, wie um ihren Worten mehr Gewicht zu verleihen. Ich hole das Auto unter dem Tisch hervor und gebe es ihr zurück. Sie beruhigt sich für ein paar Löffel und greift dann wieder nach dem Schmusetuch. Dieses Mal weint sie und presst, sodass der Kopf etwas rot wird. Es dauert etwas länger, bis sie sich beruhigt, dann fegt sie wieder das Auto vom Tisch« (30. Beobachtungsprotokoll/48 Wochen alt).

Lillys Bedürfnis nach Nähe erlebte ich als sehr drängend und von nahezu existenzieller Qualität. Vonseiten der Eltern wurde im Laufe der Zeit mehrfach betont, wie problemlos Lillys Eingewöhnung verlaufen ist. Den wahrscheinlich auch schmerzlichen Trennungsschritt von ihrer Mutter hatte Lilly also recht klanglos vollzogen. In den Beobachtungsstunden schien auch tatsächlich nicht viel darauf hinzuweisen, dass sie innerlich zu kämpfen hatte. Allerdings tauchte nach ein paar Wochen das Thema Krankheit wieder auf. Lilly war seit Kitabeginn häufig krank und entwickelte bereits eine chronische Bronchitis. Die Eltern brachten die Erkrankungen nicht mit den Anforderungen des Kitaalltags in Verbindung. Ich erlebte Lillys häufiges Kranksein jedoch oft als eine realitätskonforme Nische, in der sie inneres Erleben zum Ausdruck bringen konnte. Die langen Tage in der Kita forderten ihr einiges an Anpassung ab. Die Verkrampfung der Bronchien konnte vielleicht als Reaktion verstanden werden auf die innere Anspannung im Kontext der Trennungsproblematik. Parallel zu den elterlichen Erwartungen erlebte Lilly ambivalente Reaktionen ihrer Mutter auf ihre Individuationserfolge. Dies zeigte sich deutlich in dem Umgang mit Lillys motorischer Reifung.

»Lilly winkelt jetzt ein Bein an und stellt es auf, auf der Ferse des anderen Beines bleibt sie sitzen. Das erfordert ein sehr gutes Gleichgewichtsgefühl, das sie fast zu trainieren scheint. Es scheint ihr leichtzufallen, fast könnte man denken, dass sie gleich aufsteht und losläuft. Mina läuft durch den Flur und ich sage zu ihr, dass Lilly ja schon versucht aufzustehen, woraufhin sie ironisch antwortet: ›Ja, sehr ambitioniert‹, dann kommt sie in den Flur und stellt einen Karton hinter Lilly. Sie ermutigt sie zu schauen: ›Guck mal Lilly, hier sind alte Spielsachen von deinem Bruder!‹ Als Lilly nicht reagiert, sondern weiter zu mir schaut, wiederholt Mina die Aufforderung. Lilly schaut wieder nicht und Mina sagt: ›Na hast wohl was zu

spielen‹, womit sie den Schlüsselbund bzw. das Täschchen in Lillys Mund meint«
(34. Beobachtungsprotokoll/1 Jahr und 5 Wochen alt).

Minas Ambivalenz in Bezug auf die fortschreitende Trennung nahm zuweilen sadistisch gefärbte Züge an, wie aus der zitierten Stelle hervorgeht. Ich stellte mir die Situation sehr verwirrend für Lilly vor. Zum einen wurde der Kitabeginn in seiner Bedeutung verleugnet und Anpassung von Lilly gefordert. Zum anderen wurden ihre Ablösungsschritte aber auch nicht positiv begrüßt. Ich bekam diese Ambivalenz auch zu spüren, wenn Mina beispielsweise mit Erstaunen feststellte, dass Lilly sich nach einer Unterbrechung noch an mich erinnerte. Die Beobachtung sollte für Lilly keine Bedeutung haben, da Mina mich sonst vielleicht noch stärker als Konkurrentin erlebt hätte. Zuweilen schien sich Mina auch ihrer Wichtigkeit als Lillys Mutter nicht sicher zu sein. Aus diesem Grund erlebte sie Lillys Desinteresse an der Spielzeugkiste wie einen Angriff auf sich.

Mit Beginn des zweiten Beobachtungsjahres und der Zuspitzung der Trennungsproblematik empfand ich die Beobachtungsstunden zunehmend als emotionale Belastung. Ich erlebte mich als Enttäuschung, da ich immer wieder gezwungen war, Essens- oder Kaffeeangebote von Mina abzulehnen, und damit ein Klima der Entsagung entstand. Erst in der Supervision gelang es mir, den projektiven Anteil zu erkennen und diesen für ein Verständnis von Lillys Situation nutzbar zu machen. Mina schien gegen eigene entsagende, strenge und kalte Anteile anzukämpfen, die sie im Kontakt mit ihrer Tochter nicht ausleben wollte. Es gelang ihr auch weitestgehend liebevoll und vor allem verfügbar für Lilly zu sein. Immer wieder musste ich an ihre Mutterbindung denken, da ihre Mutter ja bereits fünf Wochen nach Minas Geburt wieder gearbeitet hatte.

Lilly hatte nach wie vor einen starken Willen und zeigte eine beeindruckende Unbeirrbarkeit bei dessen Durchsetzung. Jedoch spürte sie auch die Grenzen ihrer Mutter und fügte sich, wenn diese eine weitere Ablehnung schwer aushalten konnte. In diesen Situationen wirkte Lilly ganz stumpf und emotional abgespalten, was mich traurig und sehr besorgt werden ließ. Die folgende Stelle aus dem bereits zuvor zitierten Protokoll der 34. Stunde zeigt dies eindringlich.

»Mina kommt in den Raum [...]. Sie hat wieder den Karton dabei, den sie Lilly bereits im Flur zeigen wollte. Sie setzt sich zu Lilly auf den Boden und packt den Karton aus. Es befinden sich Bücher und diverse eher weiche Spielsachen darin. Lilly nimmt einen Gegenstand nach dem anderen in die Hand, schaut kurz und legt ihn dann weg, um sich den nächsten zu greifen. Ihr Blick bleibt an nichts hängen, sie wirkt gelangweilt und konsumiert plump. Nach kurzer Zeit wendet sie sich ab

und krabbelt weg, um sich an einem kleinen Regal in den Stand zu ziehen. Mina wirkt etwas enttäuscht, sie packt die Sachen zusammen und geht stumm aus dem Zimmer« (34. *Beobachtungsprotokoll/1 Jahr und 5 Wochen alt*).

In der Folge fanden die Beobachtungsstunden wieder häufig im Garten statt. Während Mina das Frühlingswetter dort genießen wollte, hatte Lilly noch Einstimmungsschwierigkeiten. Die Stunden waren von einer großen Dynamik mit vielen Ortswechseln innerhalb des großen Gartens geprägt. Ich erlebte Lilly in einem wechselhaften Zustand mit sehr freudigen Momenten und Momenten von Wut und Verzweiflung. Mina war oft verunsichert, ob Lilly in der Kita ausreichend gegessen und geschlafen hatte. und war bemüht, ihr am Nachmittag beides ausreichend anzubieten. Es fehlte Lilly in dieser Phase an einem Verstehen ihres Bedürfnisses nach Halt. Der Garten war, nach der langen Abwesenheit von zu Hause, wieder ein neuer und noch unbekannter Ort, die Abläufe waren nicht eingespielt. Für Mina war der Garten hingegen ein positiver Ort außerhalb des routinierten Zusammenseins mit Lilly, hier wollte sie wieder raus in die Welt treten. Diese konträren Wünsche entwickelten sich zu einem offenen Konflikt zwischen Mutter und Tochter.

»Lilly krabbelt ein paar Züge auf Mina zu, die auf den Stufen der Veranda sitzt. Sie nimmt sie auf den Schoß und Lilly probiert den Plastikbär in Minas Teetasse zu werfen. Mina wird ärgerlich, sagt in entschiedenem Ton mehrmals ›nein‹ und dass das verboten sei und bietet ihr zwei bereitstehende Plastikbecher an. Auch Lilly ist jetzt ärgerlich, ihr Weinen ist aggressiv gefärbt und sie windet sich auf Minas Schoß, ohne sich wegzubewegen. Mina sagt entnervt: ›Lilly, wir habe hier echt ein Problem, ich mag es im Garten und du nicht. Mal sehen, wer da gewinnt.‹ Aus dem Hintergrund ruft Albert: ›Mama gewinnt.‹ Lilly weint jetzt richtig, ihr Körper ist wieder angespannt und sie wirkt suchend auf mich, aber sie findet keinen Halt. Mina steht auf mit ihr und trägt sie zu einem anderen Beet Blumen angucken. Albert stößt dazu und beugt sich runter zu Lilly. Ihr Weinen kippt ins Lachen, vielleicht hat er sie gekitzelt, das kann ich nicht sehen. Ihr Zustand ist total auf der Grenze und das irre Geräusch Weinen und Lachen in einem drückt das erschreckend aus« (39. *Beobachtungsprotokoll/1 Jahr und 10 Wochen alt*).

In den darauffolgenden Beobachtungsstunden spitzte sich die Situation dahingehend zu, dass von einer richtigen Krise gesprochen werden kann. Lilly fügte sich nicht ein in die Räume, die ihre Mutter ihr zur Verfügung stellte, und dieser fiel es schwer, Lillys scheinbar widersprüchliche Wünsche nach Nähe und Individuation besser zu begleiten. Lillys folgende schwere Lungenentzündung könnte mit dieser Stimmung in Verbindung stehen und der Krise einen erschreckend bedrohlichen Ausdruck geben. Voller Angst erzählte mir Mina zu Stundenbeginn, dass sie fürchtete, Lilly könne »mir ohnmächtig werden«. Wünschte sie sich manchmal eine ohnmächtigere und gefügigere Lilly, so hatte sie nun erlebt, welche Ängste dieser reale Zustand bei ihr auslöste. Es war zu vermuten, dass sie in diesem Kontext auch ihre eigenen kalten und strengen Anteile gegenüber ihrer Tochter spürte und sich ihre Angst auch auf die emotionale Verbindung der beiden bezog, die sie natürlich erhalten wollte. Nach Lillys Genesung erlebte ich die beiden in der 41. Beobachtungsstunde sehr harmonisch und liebevoll. Lilly war mental und körperlich gestärkt, was sicherlich auch damit zusammenhing, dass Mina auf die Bedürfnisse einer kranken Lilly viel besser eingehen konnte. Lilly wagte in der Stunde einen ersten »Angriff« auf mich, um neben dem Blickkontakt auch konkret mit mir in Verbindung zu treten.

»*Lilly läuft mit großen Schritten auf mich zu, kehrt kurz vorher um und geht neben das Bettchen, wo ich sie nicht sehen kann. Sie fällt auf den Po, wahrscheinlich ist sie ausgerutscht, und Mina zieht ihr die Schuhe an. Dann kommt sie hinter dem Bett hervor, macht einen Schritt auf mich zu und greift an meinen Pulli. Es ist eine Bewegung zwischen Greifen und Schlagen, herausfordernd, aggressiv, aber nicht unangenehm, eher mutig. Ich bin ganz irritiert, sie hat mich noch nie angefasst. Auch Lilly merkt, dass das eben etwas Besonderes war, sie schaut schnell zu Mina, die lächelt, dann wieder mit dem schelmischen Ausdruck zu mir. Ich lächele sie auch an, dann schaue ich zu Mina. Ich glaube, wir sind alle überrascht über Lillys ›Angriff‹. Schnell wuselt sie weg in die Mitte des Raumes zu dem ganzen Spielzeug*« (41. Beobachtungsprotokoll/1 Jahr und 13 Wochen alt).

Der Spracherwerb: Lilly findet ihren eigenen Weg

Lilly sprach im Vergleich zu anderen Kindern ihres Alters sehr wenig. Sie verwendete lediglich die Wörter »Mama«, »Papa« und »da«. Sobald sie animiert wurde ein Wort nachzusprechen schüttelte sie den Kopf und blieb vehement beim Zeigen. Wir vermuteten in der Supervisionsgruppe einen Zusammenhang zwischen Lillys Sprachentwicklung und der ambivalenten Position der Dritten in der Familie. Ein wertschätzendes Zusammenkommen zwischen Lilly, Mina und mir fand selten statt. In Stunden, in denen Mutter und Kind gut eingestimmt waren, erlebte ich mich als Störenfried der Dyade. Der Beobachtung wurde in diesen Stunden keinerlei Bedeutung zugeschrieben, was sich konkret in deutlichem Zuspätkommen oder Vergessen des Termins äußerte. In eher krisenhaften Situationen wendete sich Mina zuweilen hilfesuchend an mich. Sie beklagte dann Lillys Temperament oder berichtete von Situationen, in denen sie sich von anderen ausgenutzt fühlte. In mir erweckte sie damit großes Mitleid, da ihre eigene Mangelerfahrung und Enttäuschung sehr spürbar wurden.

In Spielsituationen, die Lilly von den Eltern angeboten wurden und die dann allerdings nicht bis zum Schluss »durchgespielt« wurden, kamen die Beteiligten ebenfalls nicht wirklich zusammen. Die Eltern blieben sehr im Konkreten verhaftet und zeigten Enttäuschung über Lillys eingeschränktes Interesse. Am liebsten schaute Lilly gemeinsam mit ihnen Bilderbücher an und zeigte auf die Tiere oder Gegenstände, die von den Eltern dann benannt wurden. Lilly ging hier allerdings, wie so oft, ihren eigenen Weg und sprach die Wörter nicht nach. Sie blieb beim konkreten Zeigen und entsprach damit in gewisser Weise sogar dem unbewussten Wunsch der Eltern. Lilly verfügte über die wichtige Fähigkeit, Gutes von Schlechtem zu trennen und nur das aufzunehmen, was passt und für sie stimmig war. Sie bewahrte sich dadurch vor der Entwicklung eines »falschen Selbst« im Sinne Winnicotts. Der verzögerte Spracherwerb könnte in diesem Kontext wie eine Panzerung gegen den Druck und die Widersprüchlichkeit der Eltern verstanden werden. Im Sinne einer guten Abwehr machte sich Lilly immun gegen deren negative Zuschreibungen.

Ab der zweiten Hälfte des letzten Beobachtungsjahres rückte die Jobsuche der Mutter und die dadurch anstehenden Veränderungen in den Vordergrund. Aufgrund von Lillys häufigen Erkrankungen hatte sie sich entschieden, erst zu einem späteren Zeitpunkt wieder zu arbeiten. Lilly besuchte bereits seit einem halben Jahr die Kita, wurde jedoch meist am frühen Nachmittag von Mina abgeholt. Den Rest des Tages verbrachten sie dann im Garten. Im Sommer waren Paul und Albert nun auch häufiger im Garten und während der Beobachtung anwesend. Paul war meist sehr bemüht, eine intensive und freudige Stimmung im Umgang mit Lilly herzustellen. Der Tonfall, in dem er mit ihr sprach, war sehr liebevoll und zart, allerdings wirkte er manchmal etwas künstlich und hatte eine ironische Glasur. Mina schien sich in diesen Dreier-Situationen latent ausgeschlossen zu fühlen. Ich beobachtete nur selten Situationen, in denen Lilly einfach dabei war und nicht aktiv von einem der beiden Elternteile »bespaßt« wurde. Warum es der Mutter so schwerfiel, Lilly mehr sich selbst zu überlassen, zeigt eine Szene aus der 48. Beobachtungsstunde.

»Lilly läuft auf der Hochebene auf und ab und plappert lautstark, jedoch spricht sie keine Wörter mehr. Paul steht vor dem Gerüst und passt auf, ich setze mich auf die

Wiese. Dann hilft er Lilly beim Rutschen auf der Rutschbahn, hält sie am Bauch und am Hinterkopf. Sie entwickelt recht viel Schwung und bewegt sich schnell abwärts. Im ersten Moment scheinen ihre Empfindungen ambivalent zu sein, sie schaut etwas überrascht und so, als würde sie innerlich etwas sortieren, dann lächelt sie. Paul fragt, ob sie noch mal wolle, dann wiederholen sie das Rutschen noch zwei oder drei Mal. Ich spiele währenddessen an einem Stöckchen rum, Lilly beobachtet, wie ich die Rinde gedankenverloren abziehe, und läuft daraufhin schnurstracks auf mich zu und nimmt mir das Stöckchen aus der Hand. Sie steckt es sich in den Mund und kaut darauf herum. Paul kommentiert das, hält sie jedoch nicht ab. Lilly klettert nun auf einen kleinen Hocker, der auf der Wiese steht, und setzt sich rittlings wie auf ein Pferd darauf. Die Füßchen erreichen gerade so den Boden. Sie wippt mit dem ganzen Körper auf und ab wie im Galopp und macht dazu laute Geräusche. Da der Hocker etwas abschüssig steht, fällt sie mit dem Hocker mit Schwung zur Seite. Sie erschreckt sich und vielleicht hat sie sich auch ein wenig wehgetan. Sie weint kurz auf, lässt sich aber schnell von Paul beruhigen. Mina kommt hinzu, sie hat den Sturz von der Veranda aus gesehen und sagt lächelnd: ›Zwei Erwachsene sehen gebannt dabei zu, wie ein Kind stürzt.‹ Sie meint damit sich und Paul und ironisiert die Aussage, doch empfinde ich sie auch als einen kleinen Angriff. Lilly steigt wieder auf und setzt ihr Spiel fort. Sie springt fast noch wilder auf und ab« (48. Beobachtungsprotokoll/1 Jahr und 24 Wochen alt).

Lillys Interesse an dem Stöckchen in meiner Hand zeigte, welch große Bedeutung die Beobachtung für sie hatte. Sie beobachtete mich genau und wollte sich einen Teil der »Magie« einverleiben. Nachdem sie den »Zaubertrank« zu sich genommen hatte, wendete sie sich mit großer Freude dem Reiterspiel auf dem Hocker zu. Ihr Spiel war voller Lebendigkeit und Paul und ich schauten ihr gebannt zu. Es war kein Desinteresse oder Achtlosigkeit, die dazu führten, dass Lilly mit dem Hocker umfiel, sondern allein ihrem wilden Spiel geschuldet. Sie reagierte sofort auf Pauls tröstende Worte und zeigte dadurch, dass sie sich nicht ernsthaft verletzt hatte. Mina hingegen schien eine Bestätigung dafür bekommen zu haben, dass man Lilly nicht sich selbst überlassen darf, weil es sonst gefährlich wird. Außerdem vermuteten wir in der Gruppe einen gewissen Neid auf Paul und mich, weil zwischen uns eine schöne Begegnung mit Lilly möglich wurde. Den ersten Teil der Szene hatte Mina wahrscheinlich gesehen, aber nicht erfühlen können. Lillys Lebendigkeit und Widerstandsfähigkeit wurden von ihr nicht so positiv bewertet, dass der Sturz als undramatischer kleiner Unfall bewertet werden konnte. Ihr Gefühl des Ausgeschlossenseins schien für sie vielmehr im Vordergrund zu stehen und der Szene eine negative Färbung zu geben.

Zuspitzung der Trennungskrise

Mina begann vier Monate vor Lillys zweitem Geburtstag eine neue Vollzeit-Tätigkeit. Lilly sollte von nun an an den Nachmittagen von zwei neuen Babysitterinnen betreut werden, die im Wechsel die Stunden nach der Kita bis zum Abend übernehmen sollten. Viele Beobachtungsstunden waren bestimmt von der Anwesenheit vieler Leute: Mina und/oder Paul, Albert, Lilly, eine der beiden Babysitterinnen und mir. Paul sprang häufiger ein, wenn Lilly krank war und nicht in die Kita gehen konnte. Damit verbrachte er nun viel mehr Zeit mit Lilly als zuvor und löste Mina als Hauptbezugsperson ab. Ich empfand die Phase als großen Umbruch, der viel von Lilly abverlangte. Lilly band mich in den Stunden über den Blick noch stärker in das Geschehen ein und näherte sich zunehmend auch körperlich an. Manchmal pirschte sie sich während eines tiefen Blickkontaktes an und berührte ganz bedächtig meinen Arm oder legte ihre Hände zur Andeutung einer Umarmung auf meine Schultern. Regelmäßig versuchte sie, mir etwas von ihrem Essen abzugeben, oder sie verwendete mich wie die Verlängerung ihres Armes, wenn sie mir beispielsweise ihre Trinkflasche nach dem Trinken in die Hand drückte. Außerdem intensivierte sich die Bedeutung ihres Übergangsobjektes Zipfelchen, das sie mit großer Wonne zum Kuscheln verwendete. Es gab Situationen, vor allem am späten Nachmittag, wenn sie müde war und die Abwesenheit ihrer Mutter nur noch schlecht ertragen konnte, in denen es ihr nur mithilfe des Schnullers, Zipfelchen und einer Puppe im Arm gelang, zur Ruhe zu kommen. Es war dann gut zu sehen, dass sie weiß, wie sie Beruhigung finden kann, andererseits machte es mich traurig, weil ihre Eltern dafür nur eingeschränkt zur Verfügung standen. Ihr Griff nach mir hatte ähnliche Züge, so als wolle sie die gute mentale Nahrung ganz konkret aufnehmen. Im Kontakt mit den Babysitterinnen verweigerte sich Lilly zunächst. Sie wehrte jegliche körperlichen Annäherungen ab und sparte beide gezielt aus, wenn sie beispielsweise Salzstangen verteilte. Gleichzeitig fiel es Mina noch schwerer als zuvor, auf Lillys Bedürftigkeit zu reagieren. Vermutlich quälten sie zu dieser Zeit massive Schuldgefühle, weil sie persönlich den Abstand und die wiedergewonnene Freiheit genoss. In den Begrüßungssituationen, wenn Mina nach einem langen Arbeitstag müde nach Hause kam, zeigte sich das Missverstehen zwischen Mutter und Kind auf drastische Weise.

»Mina schließt die Wohnungstür auf und Albert läuft rufend zu ihr in den Flur. Gitte geht hinterher. Mina begrüßt Albert freudig, was sie zu Lilly sagt, höre ich nicht. Schnell bezieht sie sich auf Gitte. Insgesamt wirkt die Begrüßung erstaunlich kühl und etwas ironisierend in dem Sinne: ›Was ist denn hier los?‹, schließlich sind

die Kinder doch gerade voller Freude auf sie zu gerannt. Ich bleibe einen Moment auf dem Matratzenrand im Kinderzimmer sitzen und gehe dann auch in die Küche zu den anderen. Mina packt Einkäufe aus und bietet den Kindern Mitgebrachtes an. Sie wirkt müde und ausgelaugt. Lilly möchte jedoch nichts von den Angeboten, sondern steht jaulend quengelnd vor Mina. Sie streckt die Arme nach oben und signalisiert, dass sie auf den Arm möchte. Dazu ruft sie mehrfach auffordernd >Arm, Arm<. Seufzend nimmt Mina sie hoch, bietet weiteres Essen, Schnuller und Getränke an. Zu allem schüttelt Lilly den Kopf. Es ist so deutlich, dass sie einfach nur Minas Nähe möchte, aber diese kann das gerade nicht sehen. Lillys Stimmung ist ganz verändert, sie wirkt fragil und anlehnungsbedürftig, tatsächlich legt sie ihren Kopf auf Minas Schulter ab. Jetzt wirkt sie auch ein wenig müde, reibt sich mehrfach die Augen und gähnt laut. Aktionistisch versucht Mina weiterhin Lilly mit Konkretem zu versorgen und scheitert irgendwann begleitet von dem Satz: >Na, dann weiß ich es auch nicht<« (58. Beobachtungsprotokoll/1 Jahr und 41 Wochen alt).

Im Umgang mit Albert, der sich über ihre Rückkehr ebenfalls freute, zeigte Mina eine größere Zartheit und Einfühlung. Vermutlich konnte sie mit seiner reiferen Reaktion besser umgehen, weil sie den eigenen frühen Trennungsschmerz weniger aktivierte. Welche Konsequenzen diese eingeschränkte Einfühlungsfähigkeit für Lilly hatte, zeigte sich im weiteren Stundenverlauf. Nachdem sie erfolglos geblieben war mit ihrer Suche nach körperlicher Nähe, begann Lilly einen Tanz, der im schnellen Drehen um die eigene Achse bestand. Sie drehte sich, stoppte dann abrupt und schwankte bzw. fiel auf den Boden. Dabei blieb sie, soweit es ihr möglich war, mit mir in einem anhaftenden Blickkontakt. Durch diesen »irren Bienentanz« wurde das vermutlich schwer erträgliche Gefühl überlagert durch Schwindel als starker körperlicher Sensation. Nach einer kurzen Ruhephase begann sie sich mehrfach mit dem ganzen Körper langsam über meine Beine zu schieben. Sie robbte über mich und blieb danach mit dem Rücken auf dem Boden und den Beinen auf mir liegen, wobei sie mich mit einem fast lasziven Blick anschaute. Die Bewegung hatte den Zweck, möglichst viel Kontakt zwischen uns spürbar zu machen. Zum Abschluss setzte sie sich noch auf meinen Schoß. Ich war total perplex von dieser Begegnung, da sie gar nichts mit der Zurückhaltung ihrer vorangegangenen Annäherungen zu tun hatte. Vielmehr drückte Lilly in dieser Bewegung ihre pure emotionale Notlage aus. Ich war nicht in der Lage, das Geschehen adäquat zu verstehen, und fand erst in der Supervisionsgruppe zu ordnenden Worten. Während sich der körperliche Kontakt mit Lilly für mich manchmal schön angefühlt hatte, hatte diese Begegnung etwas Dunkles und unangenehm Überwältigendes an sich.

Es folgten einige weitere sehr schwierige Beobachtungsstunden, die von Lillys körperlicher und emotionaler Erschöpfung bestimmt waren. Der übliche Ablauf war, dass Lilly und Albert am späten Nachmittag von einer Babysitterin aus der Kita bzw. dem Hort abgeholt wurden. Ich traf sie dann direkt im Anschluss in der Wohnung. Manchmal kamen Mina oder Paul im Laufe der Stunde von der Arbeit nach Hause, manchmal kamen sie erst nach dem Stundenende nach 18 Uhr zurück. In einem Gespräch mit Paul erfuhr ich, dass Mina Lilly nur jeden zweiten Abend ins Bett bringen konnte. An den anderen Abenden kam sie zu spät nach Hause. Paul berichtete weiter, dass Lilly seit Minas Wiedereinstieg extreme Schlafschwierigkeiten habe und nachts bis zu 20-mal aufwache und weine. Wie belastet Lilly in dieser Phase war, erlebte ich in der 60. Beobachtungsstunde.

»Lilly zeigt auf ein Fläschchen und Julia sagt, dass sie die Milch erst später zum Abendbrot kriegen könne, wenn die Eltern da seien. Jetzt wird Lilly schlagartig weinerlich, sie jault protestierend auf und schüttelt bei allen alternativen Angeboten von Julia vehement den Kopf. Immer wieder dreht sie ihren Kopf zu mir und schaut mich aus traurigen, ungehaltenen und bedürftigen Augen an. Sie strampelt mit den Beinen und weint zunehmend zornig und aufgelöst auf Julias Arm, wirft dabei ihren Oberkörper nach hinten, dass Julia Mühe hat, sie festzuhalten. Julia stellt sie ab und Lilly torkelt ein paar Schritte raus aus der Küche in den Flur. Sie lässt sich auf die Knie in einen Vierfüßlerstand fallen, schiebt ihren Körper mehrmals vor und zurück, weint jämmerlich und ruft mehrmals nach ihrer Mama. Ihr Kopf ist ganz rot, die Tränen laufen und sie gerät immer mehr außer sich. Ich bin ganz ergriffen von ihrem Unglück und kann diesen Zusammenbruch kaum mitansehen. Julia kniet sich neben sie und sagt noch mal in einem beruhigenden Tonfall, dass sie doch später Milch kriege. Lillys Zustand verschlimmert sich dadurch nur noch mehr, sie lässt sich auf die Seite fallen, weint energischer und tritt einen hinter ihr stehenden Rucksack weg. Julia legt ihr die Hand auf den Rücken und Lilly schlägt sie weg, strampelt noch heftiger mit den Beinen, weint und ruft immer wieder ›Mama‹ in einem resignierten Tonfall, dem zu entnehmen ist, dass sie weiß, dass die Mama jetzt nicht kommt« (60. Beobachtungsprotokoll/1 Jahr und 43 Wochen alt).

Ich war nach diesen Stunden oft traurig und empfand starkes Mitgefühl für Lilly in ihrer fragilen Situation. Obwohl sie nie alleine war, wirkte sie einsam und verlassen. Es schien, als ob die Anwesenheit mehrerer Leute sie noch einsamer wirken ließ, so als befinde sie sich im windstillen Inneren eines Tornados. Kurz vor Weihnachten entschied sich die Familie für ein Au-pair-Mädchen aus Spanien, das nach den Ferien zu der Familie ziehen sollte. Dadurch bekamen die

Kinder eine feste Bezugsperson am Nachmittag und Lillys Zustand verbesserte sich deutlich. Nach einer anfänglich heftigen Abneigung gegen Alicia wendete sich Lilly ihr voller Zutrauen und geradezu stürmisch zu. Alicia sprach zunächst wenig Deutsch, sodass sie kaum verbal mit Lilly kommunizierte. Mein erster Eindruck war, dass sie sich nicht intensiv um Lilly bemühte und ihr nicht auf gewohnte Weise fortlaufend Angebote machte und doch emotional verfügbar war. Sie wurde für Lilly zu einer liebevollen und stabilen Stütze, was mich im Anschluss an die heftige Zeit der Umstellung sehr beruhigte und Gutes für Lilly hoffen ließ.

Das Ende der Beobachtung: Eher ein Abbruch als Abschied – Anfang und Ende ähneln sich

Ich bereitete den Abschied bereits mehrere Stunden vor Lillys zweitem Geburtstag im Gespräch mit den Eltern und mit Lilly und Albert vor. Ich sagte den Eltern mehrfach, dass ich es schade finde, dass die Zeit vorüber ist, und wie viel doch in den zwei Jahren passiert ist. Im Gespräch bekam ich allerdings den Eindruck, dass sie versuchten, sich in mich zu versetzen, um die Beobachtung aus meiner Perspektive als Belastung zu thematisieren. Den Vater erlebte ich in den letzten Stunden, ähnlich wie zu Beginn, als mich Testender. Er bat Lilly beispielsweise, mir Snacks anzubieten, und fragte sie, ob sie mir zum Stundenende nicht ein Küsschen geben möchte.

Voller Spannung und etwas ängstlich erwartete ich die letzte Beobachtungsstunde. Es war vereinbart, dass die ganze Familie anwesend sein wird und dass die Stunde wegen des schönen Wetters im Garten stattfindet. Ich besorgte einen Blumenstrauß und eine Karte, auf der ich meinen Dank zum Ausdruck brachte. Ich hatte schon im Vorfeld das Gefühl, dass es wenig Raum zum Aussprechen meines Dankes geben bzw. dass er nicht richtig gehört werden könnte. Lilly und Albert schenke ich eine CD mit einem Kindermusical.

Die letzte Stunde erlebte ich dann tatsächlich als sehr dramatisch. Das Missverstehen zwischen Mutter und Tochter war für mich kaum auszuhalten und meine Befürchtung, dass ein echtes Abschiednehmen vermieden werden könnte, bestätigte sich leider. Dass die Familie sich zeitgleich Freunde eingeladen hatte, bekräftigte diesen Eindruck. Anstelle eines richtigen Abschieds, welcher ambivalent sein kann und Trauer und Erleichterung zugleich beinhaltet, schien sich vor allem Mina von mir verlassen zu fühlen. Sie agierte die ganze Stunde wie unter Strom und erlebte jede Ablehnung wie einen Angriff auf sich.

Nachdem Mina, Alicia und die beiden Kinder den Garten zehn Minuten nach der vereinbarten Zeit erreichten, entwickelte sich sofort eine aufgeheizte Dynamik, die es unmöglich machte, sich in Ruhe zu begrüßen und den Blumenstrauß zu überreichen. Mina wollte Lilly etwas Wärmeres überziehen. Lillys Unlust, sich weitere Schichten anziehen zu lassen, wurde vonseiten der Mutter jedoch drastisch und übergriffig begegnet. Es zeigte sich hier noch einmal, wie schmerzhaft Lillys Eigenwilligkeit für Mina war.

»Mina tritt an das Klettergerüst heran mit verschiedenen Oberteilen in der Hand. Sie bittet Lilly herunterzukommen bzw.-zurutschen, aber Lilly ruft erst empört ›nein‹ und verschränkt trotzig die Arme vor der Brust. Die Geste sieht sehr komisch und total unpassend für ein kleines Kind aus, ich muss grinsen und schaue Alicia an, die ebenfalls lacht. Mina wird insistierender, beginnt zu drohen, dass sie nach oben komme, wenn Lilly nicht freiwillig nach unten kommt. Lilly steht oben und weint jetzt zornig und empört auf. Als Mina einen Schritt die Leiter hochsteigt, tritt Lilly wie ein wildes Tier, dass in die Enge getrieben ist, panisch zurück. Es entsteht eine extreme Dynamik zwischen den beiden. Mina wird immer ärgerlicher und Lilly panischer und lauter. Mina lässt kurz von der Idee, aufs Klettergerüst zu steigen, ab und Ali geht zur Leiter. Lilly wirft sich regelrecht mit Schwung in ihre Arme und kuschelt sich an ihren Hals. Die beiden sehen sehr innig miteinander aus und ich spüre wieder, wie froh ich bin, dass Ali für Lilly da ist und von ihr gut verwendet werden kann. Allerdings geht der Kampf jetzt nur in eine weitere Runde. Mina schnappt sich Lilly und nimmt sie zwischen ihre Knie während sie versucht, ihr einen weiteren Pulli anzuziehen. Lilly schreit und schlägt nach Minas Händen. Immer wieder ruft sie ›Mama‹, so als solle die gute Mama sie vor der in diesem Moment als böse erlebten Mama retten. Dabei hat sie abwechselnd zwei bis vier Finger im Mund, an denen sie intensiv nuckelt. Sie wehrt sich mit Händen und Füßen, denke ich und bin traurig, weil Mina immer mehr in Rage gerät und sie fast schon anschreit, dass es ihr jetzt reiche und Lilly mit dem Heulen aufhören solle. Bei jedem Satz, den sie zu Lilly sagt, gerät diese noch mehr außer sich und schreit intensiver. Schließlich packt Mina Lilly an den Armen und trägt sie drei Meter von mir und Ali weg, wendet uns den Rücken zu und herrscht Lilly erneut an. Es fallen Worte wie ›mir langt es mit dir, mein Fräulein‹. Ich bin regelrecht entsetzt über das Wort, finde es total altmodisch und unangemessen. Spricht hier Minas Mutter aus Mina? Sie zieht Lilly einen Pulli an und Lilly reißt immer wieder an dem Reißverschluss an ihrem Hals, sagt ›aua, aua‹ und ›Mama‹, ohne Mina damit anzusprechen. Schließlich zieht Mina ihr noch eine weitere Wolljacke über. Lilly ist ganz aufgelöst und weint verzweifelt mit gebrochenem Willen. Nach wie vor hat sie mindestens

drei Finger im Mund und speichelt stark« (68. *Beobachtungsprotokoll/2 Jahre und 5 Wochen alt).*

Die Situation wurde weiter dadurch befeuert, dass Lilly nach dem Anziehen sofort Zuflucht und Trost bei Alicia suchte. An diesem Punkt entspannte sich eine heftige Eifersuchtskonstellation. Mina war, ebenso wie Lilly, so außer sich geraten, dass sie Lillys Weinen nachäffte und sie damit weiter verhöhnte. So wie mein Gefühl der Traurigkeit wegen des anstehenden Abschieds keinen Raum bekam und mir dadurch als übertrieben und unangemessen erschien, so wurde auch Lilly das Gefühl gegeben, ihr Zorn sei lächerlich. Nachdem sich Lilly auf Alicias Arm beruhigt hatte, lief sie hinter die Hütte und zeigte mir, begleitet von erzählerischem Lautieren, Einzeleile an Minas Fahrrad. Dabei wiederholte sie mehrmals »Mama Arbeit« und »Papa Arbeit«. Ich erlebte dieses Zeigen als eine gute ordnende Geste. Die in gute und böse Anteile zerfallene Mama der vorherigen Szene wurde von ihr nun wieder zusammengesetzt und der Realität »Arbeit« zugeordnet.

Ich hatte danach das Gefühl, die Stunde für mich gut beenden zu können. Die folgende Verabschiedung verlief dann regelrecht sachlich ab. Lilly winkte mir ein wenig mechanisch als ich sagte, dass wir uns nun verabschieden müssen. Albert reagierte leicht verstört, er drückte erneut sein Bedauern aus und reichte mir formal die Hand. Die Eltern nahmen freundlich dankend den Blumenstrauß und die Karte entgegen, die sie jedoch zunächst zur Seite legten. Ich sprach meinen Dank aus, fühlte mich dabei allerdings über die Maßen emotional. Erst in der Supervision gelang es mir, die Ambivalenz der Eltern zu spüren, die nicht bewusst erlebt werden konnten und dadurch projektiv dieses bizarre Gefühl in mir ausgelöst hatten. Es blieb der Eindruck, dass vor allem Minas Zweifel an ihren mütterlichen Fähigkeiten es ihr unmöglich machten, meinen Dank anzunehmen. Ihre Enttäuschung über mich war groß und ließ kaum Raum für positive Gefühle zur Beobachtung (neben einer verständlichen Freude über das Ende). Wie viel ich in der Babybeobachtung von Lilly und ihrer Familie gelernt hatte, konnte ich erst nach einiger Zeit wieder fühlen.

Literatur

Bion, W. R. (1962). Eine Theorie des Denkens. In E. Bott Spillius (Hrsg.). (2012), *Melanie Klein heute* (S. 225–236). Stuttgart: Klett-Cotta.
Winnicott, D. W. (1974). *Reifungsprozesse und fördernde Umwelt.* München: Kindler.

Lilly – An Infant Observation
The observer as desired and contested third party

Abstract: This paper presents the two-year infant observation of a little girl. In addition to dealing with the physical and psychological maturation of little Lilly, the observer also witnessed the psychological challenges of parenthood, and especially motherhood. The ability to experience and hold dyadic and triadic relational states as equals is central to this process. Infant observation also had a dual function in this case: through its mirroring function, it was able to strengthen maternal rêverie and, at the same time, to make visible transgenerational conflicts that hindered empathy.

Keywords: infant observation, maternal rêverie, dyad, triad

Die Autorin
Nina Maschke, M. A., befindet sich zurzeit in Ausbildung zur analytischen Kinder- und Jugendlichenpsychotherapeutin am Esther Bick Institut, Berlin

ninamaschke@gmail.com

Die Besonderheit der Beobachtungsgruppen

Agathe Israel

Jahrbuch für teilnehmende Säuglings- und Kleinkindbeobachtung 2022, 87–98
https://doi.org/10.30820/9783837931990-87
www.psychosozial-verlag.de/jtskb

Zusammenfassung: Die Infant Oberservation-Arbeitsgruppe als beobachtungs-begleitende Supervisionsgruppe unterliegt unausweichlich psychodynamischen Prozessen, die darauf Einfluss nehmen, wie sich die Gruppe als Ganzes entwickelt (Container) und wie tiefgehend das Material bearbeitet werden kann (Containment). Es handelt sich um Grundannahmezustände, wie sie in dynamischen Gruppen vorherrschen. Wir können uns den Dynamiken der Grundannahmen *nicht* entziehen. Die Beziehung zwischen der*dem Leiter*in und der Gruppe als Ganzes sollte beachtet und im *inneren* Arbeitskonzept mitgedacht werden. Ein »Denk-Raum« wird geschaffen für agierte Ängste, die aus den unbewussten Grundannahmen im Hier und Jetzt der Gruppe sowohl bezogen auf das Material als auch auf die Gruppe als Ganzes und ihre Entwicklungsstadien entstehen. Wir könnten damit die Entwicklung der Gruppe zu größerer Selbstständigkeit fördern, wodurch sich ihre Containerfunktion für die Beobachtung erweitert.

Schlüsselwörter: Säuglingsbeobachtung, Supervisionsgruppe, Psychodynamik, Leiter*innenverhalten, Grundannahmen

Dass die Supervision der Beobachtungen in einer Kleingruppe und nicht im Einzelsetting stattfindet, ist für uns eine Selbstverständlichkeit, die nicht aus der Not geboren ist, sondern weil wir wissen, wie bereichernd die gemeinsame Arbeit in der Gruppe ist.

Die *Supervisionsgruppe* ist von ihrem Charakter her eine *Arbeitsgruppe mit einem Leiter*, die über einen bestimmten Zeitraum eine *Aufgabe* zu lösen hat, eine gemeinsame Geschichte, im guten Fall eine gemeinsame Entwicklung durchlebt.

Ihr *Teilnehmer*innenkreis s*teht fest. Ebenso fest steht der *Gegenstand de*r Arbeit bzw. die Primäraufgabe: *Lernen aus Erfahrung,* wofür – so Bion – die Fähigkeit zur projektiven Identifikation grundlegend ist, um emotionales Erleben denken zu können. Das Lernen geschieht entlang der Teilhabe an der Entwicklung der Babys mittels protokollierter Beobachtungen, die von der*dem Beobachter*in der Gruppe vorgestellt werden. Es wird in der *natürlichen Gruppe* seiner Familie beobachtet.

Die *Familie* ist eine sogenannte *dynamische Gruppe.* Ihr Zusammenhalt beruht auf archaischen Kräften, die das *Fortbestehen* der Gruppe sichern (sollen) und deshalb von entsprechenden Ängsten, primitiven Fantasien und Zwängen gesteuert werden.

Bion bezeichnet diese Gruppe als Grundannahmengruppe, da er von drei typischen Grundannahmen (Konstellationen), die das Überleben sichern, ausgeht: Anhängigkeit, Flucht-Kampf, Paarbildung.

Wenn eine Beobachtung beginnt, ist sie gleichzeitig verbunden mit der Gründung einer neuen Gruppe, einem noch undifferenzierten sozialen Beziehungsfeld, in dem immer jede*r einzelne Teilnehmer*in vor der angstvollen Frage steht: Wie werde ich in die Gemeinschaft aufgenommen, ohne dabei als Individuum unterzugehen? Kann ich hier wachsen? Hinter dieser Frage verbirgt sich die Spannung zwischen der prinzipiellen Verheißung der Gruppe, für bestimmte Bedürfnisse des Einzelnen zu sorgen, und der Selbsterhaltungstendenz von Gruppen, die die individuellen Bedürfnisse des Einzelnen normativ einschränkt. Es macht gewiss Sinn, im Folgenden davon auszugehen, dass sich Baby, Beobachter*in und Gruppe in parallelen Prozessen bewegen: Das Baby kommt in die Familiengruppe, muss dort seinen Platz finden. Die Familiengruppe gründet sich bzw. strukturiert sich um.

Die*Der Beobachter*in kommt in die Ausbildungsgruppe, die sich im Gründungsprozess befindet, und muss darin ihren*seinen Platz finden, gleichzeitig ist sie*er selbst ein*e Anfänger*in im Beobachten.

So verschränken und verstärken sich der *emotionale Druck,* den die neue Aufgabe mitbringt, mit dem *sozialen Druck,* der von der Gruppe im Hier und Jetzt ausgeht. Das macht die Komplexität der Gruppenarbeit aus. Die einzelnen Elemente lassen sich aber *nur nacheinander* untersuchen. Ich will nun die Gruppenarbeit aus der Perspektive der Rolle der*des Gruppenleitenden und der Gruppe als Ganzes betrachten.

Zuerst zitiere ich *Susan Reids Empfehlungen für die Gruppenarbeit* in freier Übersetzung:

> *»Seminarleiter*in und Gruppenmitglieder s*ollen sich in einer Position befinden, die es ihnen ermöglicht, sich mit ihrer Aufmerksamkeit frei flottierend und zugewandt in der Zeit vorwärts und rückwärts zu bewegen. Die*Der Beobachter*in soll nicht

harte Daten aufführen, sondern das Beobachtete sorgfältig nacheinander angeordnet in einer Zeitsequenz als eine Serie von Ereignissen darstellen. In solch einem psychischen Zustand ›poetischer Einfälle‹ gibt es nichts, was als Abweichung von der primären Arbeit zu verstehen wäre. *Die*Der Seminarleiter*in* schafft ein Setting, das Raum für die Beachtung aktueller Beobachtungen schafft, sie*er ist nicht fest fixiert an das Papier und unterstützt die freien Assoziationen, Überlegungen und Spekulationen der*des Beobachtenden und der Seminarmitglieder, um zu sehen, welche anderen Dimensionen zu entdecken wären. Dieser Geisteszustand der Seminargruppe wäre mit dem Geisteszustand der Mutter in der Reverie zu vergleichen (Bion, 1962), so wie ein Unterschied besteht zwischen einer gefühlvollen Mutter und einer Mutter, die nur danach schaut, welche körperlichen Bedürfnisse das Baby hat. *Die Rolle der*des Seminarleitenden ist* hier wieder analog die einer guten Mutter, die auf ihr Kind schaut und die nötigen Bedingungen schafft, damit das Baby allmählich die Welt entdecken und seinen Platz in ihr finden kann und die ihr Baby nicht gleich mit dem belehrt, was sie weiß« (Reid, 2013 [1997]).

Eine ähnliche, mehr auf die Gruppe bezogene Empfehlung von *Suzanne Maiello* in der Supervisionsgruppe (mündliche Mitteilung) erinnere ich so: Die Gruppe wird zum Behälter für die*den Beobachter*in, so wie die*der Beobachter*in ein Behälter für die Familie wird. Die Gruppe stärkt in der*dem Beobachter*in immer wieder das Prinzip Hoffnung, sodass sie*er es wieder in die Familie tragen kann. In den Gruppensupervisionen wird das Beobachtungsmaterial und das damit verbundene Erleben der*des Beobachtenden verdaut. Die Supervisionen helfen, die heftigen Affekte in Worte zu fassen, und sie helfen, zu entmischen: Was kommt von mir, was kommt vom Baby, was kommt von der Familie?

Beide Empfehlungen vermitteln eine klare Vorstellung von der Haltung der*des Leitenden und den Aufgaben der Gruppenmitglieder: Die*Der Leiter*in unterstützt und sorgt dafür, dass die Gruppe als Ganzes fühlen, klären, alle Aspekte/Fantasien integrieren und formulieren (mentalisieren) kann. Mit anderen Worten, die Gruppe als Ganzes wirkt als Behälter (Container) und die Aktivitäten der*des Leiter*in haben die Hauptaufgabe das Containment für alles was geschieht zu befördern.

Arbeitsstörungen

Aber wir wissen alle, dass die Seminararbeit ausgesprochen wechselhaft verläuft und statt einer hoffnungsspenden Erkenntnis auch Verwirrung, Katastrophen, Streitereien, Passivität, Kämpfe, Spannungen, Rückzug eintreten können.

Meinen Erfahrungen nach ist es sinnvoll, solcherart Arbeitsstörung nicht *nur auf* das vorgestellte Material zu beziehen oder die Ursache *allein in* der*dem einzelnen Teilnehmer*in zu suchen. Denn dann kann es sein, dass die Verdauung der Situation nur zum Teil gelingt, weil der über solcherart Stimmungen und Verhaltensweisen *unbewusste affektive Zustand der Gruppe als Ganzes* nicht transportiert wird.

Bleibt dieser unbenannt, fällt er Fantasien anheim, die sich in erster Linie um ein konfliktfreies Gruppenleben ranken.

Gruppenkategorien

Vielleicht können wir diese Störungen etwas besser verstehen, wenn *wir die Entwicklung der Gruppe als Ganzes und ihr Verhältnis zur*zum Leiter*in* untersuchen. Betrachten wir zuerst *die Gruppe:*

In Gruppen neigen Menschen dazu, Konflikte zu vermeiden. Auch wollen Gruppen zunächst möglichst frei von Konflikten sein. Unbewusst wird Erfahrungslernen von der*dem Einzelnen und der Gruppe abgelehnt. Gruppen befriedigen einzelne Bedürfnisse und andere nicht. Darin liegt der spezifisch »konservative« *Charakter* – so Ross Lazar (2004) – des Phänomens Gruppe. Manches darf vorgebracht werden, anderes darf, weil es der Anpassungsdruck verbietet, nur verdeckt geäußert werden. *Bion* unterteilte die vielfältigen Organisationsformen in der sozialen Gemeinschaft in zwei große Kategorien: 1. die Arbeitsgruppe oder institutionalisierte Gruppe, 2. die Grundannahmengruppe, man könnte auch natürliche Gruppe sagen. Wie definiert Bion die beiden Gruppenformen?

1. *Die Arbeitsgruppe oder institutionalisierte Gruppe,* wie unsere IO-Supervisionsgruppe, entwickelt sich allmählich entlang der Zeitachse. Orientiert an der Realität werden Kooperation, Denken und Verständigung eingesetzt, um ein gemeinsames Ziel zu erreichen, das alle akzeptieren. Es geht um das Durcharbeiten des Materials durch rationale und mitfühlende Diskussion, über Versuch und Irrtum, verbunden mit der Bereitschaft zu lernen und sich zu ändern. Die Erfahrung wird in Worte gefasst, die Grundlage für Begriffe und Regeln werden können. Jede Arbeitsgruppe entwickelt ihren spezifischen Arbeitsstil und eigene Regeln.

2. *Die Grundannahmengruppe o*der natürliche Gruppe: Zu ihr zählen unter anderem Familie, therapeutische Gruppen, Gangs. Sie entsteht sehr rasch. Die Gruppenbildung organisiert sich entlang dem unbewussten Bestreben nach Selbsterhaltung und Konfliktfreiheit. Daraus entsteht eine *Gruppenkultur,* die

Bion als eine »Funktion des Gegensatzes zwischen den Wünschen des Einzelnen und der Gruppenmentalität« bezeichnete. Die Gruppenmentalität ist ein Container für die unbewussten Beiträge der Gruppenmentalität. Bion arbeitete drei grundlegende Kultur-Muster heraus, die im Wesentlichen durch die *Qualität der Übertragung* auf die*den Gruppenleiter*in oder Führer*in und umgekehrt geprägt werden. Er nannte sie *unbewusste Grundannahmen, di*e aktiv im Dienste der Angstabwehr unausgesprochen von allen Gruppenmitgliedern geteilt werden und das gemeinsame Gruppengefühl herstellen.

*Die*Der Leiter*in situiert sich immer in einem triangulären Raum* in Unterscheidung von den einzelnen Gruppenmitgliedern und der Gruppe als Ganzes. Die Grundannahmengruppe hat eine Abneigung gegen Entwicklung, weigert sich, aus der Erfahrung zu lernen, und kann die Sprache nicht adäquat einsetzen. Emotionale Verstrickungen, wie sich verfolgt oder abhängig zu fühlen, tauchen ungeplant, instinktiv, ohne bewusste Kontrolle auf.

Bion ging davon aus, dass auch die Arbeitsgruppe getragen wird durch aktive Grundannahmezustände. Ein scharfer Schnitt ist also *nicht* möglich. Die Vorstellung, da es sich bei unseren IO-Gruppen um Arbeitsgruppen handele und nicht um eine »analytische Selbsterfahrungs-Gruppe«, könne man die Dynamik außer Acht lassen, ist nicht realistisch, vielmehr muss die Kunst gelingen, Raum zu schaffen und agierte Grundannahmeaktivitäten im Hier und Jetzt sowohl mit dem Material als auch mit der Gruppenmentalität im Hier und Jetzt in Verbindung zu bringen. Das heißt, wir können uns den Dynamiken der Grundannahmen nicht entziehen! Aber wir Leiter*innen können sie in unserem *inneren Arbeitskonzept* quasi mitdenken und allein durch diese *innere Erweiterung für den Prozess* der Kooperation fruchtbar machen, ohne der Gruppe ihre Furcht vor den Grundannahmen deuten zu müssen, wie es die*der Leiter*in einer dynamischen Gruppe tut.

Die Grundannahmen und ihre Auswirkungen auf den Gruppenprozess in der IO

Die drei Grundannahme-Kulturen begleiten als *unbewusste* emotionale Prozesse jede Arbeitsaktivität unserer IO-Gruppen, sie prägen die Beziehung der Gruppe zur*zum Leiter*in und lassen eine emotionale Gruppenmentalität entstehen, welche die Arbeitsaufgabe der Gruppe fördern oder hemmen kann. Fördern, weil sie die mit der Bewältigung der Arbeitsaufgabe verbundenen Ängste ans Licht bringen kann. Hemmen, weil sie mit gleicher Wucht diese Ängste abzuwehren versucht.

Im Folgenden stelle ich die drei Grundannahmen vor und versuche sie zugleich bestimmten Entwicklungsphasen unserer IO-Arbeitsgruppen zuzuordnen, in denen sie meiner Erfahrung nach besonders *vorherrschen*. Unbenommen davon bleiben alle drei *permanent wirksam* während der gesamten Gruppenarbeit.

1. *Kampf-Flucht:* Die Gruppe verhält sich so, als ob ihr Ziel und Überleben als Gruppe in der *Vermeidung von etwas* bestünde, wobei sie dieses bekämpft oder davor wegläuft (das ist die Grundannahme). Man zieht aufgeregt gegen einen vermeintlich *äußeren* Feind ins Feld oder man wendet sich gegen einen *inneren F*eind, zum Beispiel gegen ein Gruppenmitglied, das Probleme hat. Oder man wirft sich aufs Handeln, weil alles andere sowieso nichts nützt. *Von der*dem Leiter*in* wird erwartet, dass sie*er entweder die Gruppe in den Kampf führt, um für Gerechtigkeit zu sorgen, oder wieder mit Macht die Ordnung herstellt und die Affekte verflacht.

In der unbekannten Situation, wie der *Gründungsphase der Gruppe,* wenn jede*r Einzelne um ihren*seinen Untergang fürchtet, weil sie*er sich von inneren und äußeren Kräften fortgerissen fühlt, Angst hat, ihre*seine Identität zu verlieren, weil sie*er in mehrfacher Hinsicht Neuland betrit, werden die starken Emotionen abgewehrt durch Projektion in einen äußeren oder inneren Feind.

Im Fall der IO-Gruppe wären das zum Beispiel beobachtungsfeindliche Eltern oder Hebammen, oder das Hilfe verweigernde Institut oder Gruppenmitglieder, die mit ihren Zweifeln an der Methode wie Nestbeschmutzer*innen den Frieden stören wollen. Oder aber alle Gruppenmitglieder finden eilig, fast überstürzt eine Familie, die Gruppe wählt als Abwehr die »Flucht nach vorn« und überspringt ruckzuck die Unsicherheiten des Anfangs. Andere Gruppen wieder zelebrieren eine gemeinschaftliche Resignation. Nachdenklichkeit und Reflexion pervertieren zur Abwehr gegen die Angst vor einem aktiven Schritt, der vielleicht misslingen könnte.

Wichtig ist, dass die*der Leiter*in sich auskennt mit den *Ängsten,* die eine Gruppengründung begleiten, ebenso aus eigener Erfahrung weiß, wie intensiv die Ängste am Anfang der Beobachtung und die existenziellen Ängste des Lebensanfangs sind – darauf wurde in den vorangegangenen Beiträgen bereits hingewiesen –, um haltgebend zu bleiben und die fantasierten und wiederbelebten Ängste nicht als reale Bedrohung und Hindernisse zu behandeln. Es wäre sinnvoll, wenn sich *die*der Leiter*in* durch Projektionen nicht verwirren und zum aktiven Einschreiten verführen lässt, und dafür – und das betrifft besonders die frühe Phase der Suche nach der Familie, in der Ungewissheiten und Ängste sehr hoch sind – die relativ unstrukturierte Situation sowohl *unter* den Teilnehmer*innen als auch *in* ihnen und *im Umgang* mit der Aufgabe *strukturiert*. Sie*Er sorgt für regelmäßige Treffen, klare Information und gleichbleibende Aufmerksamkeit für alle Hindernisse, die bei der Suche auftreten. Sie*Er gibt Halt, indem sie*er Neugier und Aufbruchstimmung fördert, ohne die Regeln zu verwässern.

2. *Abhängigkeit:* Die Gruppe verhält sich so, als ob (die Grundannahme) nur durch *Unterstützung und Lenkung von außen* – durch die*den Leiter*in – ihr Ziel und ihr Überleben gesichert werden können. Wie ein unmündiges, hilfloses Kind ist sie gänzlich auf die Versorgung durch einen Erwachsenen angewiesen. Nur die*der Gruppenleiter*in weiß, was für alle gut ist, wird Schaden abwenden. Eine eigene Aktivität ist nicht nötig. Man hängt an ihren*seinen Lippen, in der Überzeugung, sie*er allein besitze das Wissen. Ebenso hoch geschätzt werden Regeln und Standards. Die*Der Nonkonformist*in oder auch der Sündenbock sind wichtige Gruppenmitglieder, die den Zusammenhalt stärken. Schweigen gilt als Klugheit; Hilfsbereitschaft und Friedlichkeit sind geschätzte Werte. Das Böse wird zwar nicht geleugnet, aber nach draußen projiziert. Mit der Gruppengeschichte rechtfertigt die Gruppe ihre Strategie und ihr Verhalten.

Die Abhängigkeits-Kultur ermöglicht nun eine erste Abgrenzung zwischen der Gruppe und der*dem Leiter*in und mildert die Ängste des Anfangs, als Individuum unterzugehen, denn man ist nun in der Gemeinschaft der »Bedürftigen« aufgehoben. Vermutlich herrscht in unseren IO-Gruppen diese Kultur vor, wenn das erste Baby bereits beobachtet wird und die anderen Teilnehmer*innen noch suchen, nach und nach ihre Babys und ihre Familie finden. In diesem besonderen Zeitraum, der endet, wenn das letzte Baby gefunden wurde, rückt die Gruppe zusammen.

Der*Die Leiter*in kann zwar die oralen Wünsche der Gruppe nicht erfüllen, aber sie*er wird durch ihre*seine unerschütterliche Haltung, genau zu beobachten, Unbekanntes oder Impulse, die vom unmittelbar erlebten Schrecken oder Schmerz des Babys ausgehen, genau zu untersuchen, Hoffnung vermitteln. Sie*Er gibt Sicherheit, indem sie*er alle, auch scheinbar abwegige Ideen akzeptiert und integriert. Gleichzeitig wirkt sie*er als gutes Modell, weil sie*er seine Erfahrungen nicht einsetzt, um ihre*seine Überlegenheit zu demonstrieren, nicht auf Ratschläge und Belehrung setzt. Damit frustriert sie*er »Fütterungswünsche« und fördert indirekt zugleich die Eigenständigkeit. Sie*Er ist stark, aber nicht allmächtig.

3. *Paarbildungskultur:* Die Gruppe verhält sich so, als ob (die Grundannahme) Ziel und Überleben darin bestünden, ihre *Kraft und Stärke innerhalb von Gleichgestellten* (Peergroup) zu erlangen. Es existiert eine messianische Hoffnung, dass zwei in der Gruppe etwas Neues hervorbringen, das die Wahrheit bringt, die alles besser und schöner macht, weil von der*dem Leiter*in das Heil nicht zu erwarten ist. Eine*n Leiter*in braucht man nicht (mehr). Die Gruppe kann ohne sie*ihn weiterleben. Diese unbewusste Fantasie richtet sich gegen den Tod der Gruppe, die nicht sterben kann, wenn sie sich verselbstständigt. Dadurch werden schöpferische Energien freigesetzt, die bisher an die*den Gruppenleiter*in gebunden waren.

Sobald das letzte Baby gefunden wurde, ist das *Ende der Gruppe in Sicht* und damit taucht im Unterbewussten der Gruppe die Angst vor dem »Gruppentod« auf, die sich auf der bewussten Ebene durch größere Aktivität und eine kritische Distanz gegenüber den Beiträgen der*des Leitenden äußern kann. Weil das Wechselspiel zwischen Mutter und Baby im Laufe der Zeit immer besser wahrgenommen und tiefer empfunden wird, wächst die Identität als Beobachter*in. Auch das Baby ist gewachsen und eigenständiger geworden. Trennungssituationen und schließlich das Abstillen werden bearbeitet und berühren nicht nur das persönliche Verhältnis der Gruppenmitglieder zu Getrenntheit, sondern könnten auch das latente Gruppenthema des näher rückenden Abschieds prägen.

Gleichzeitig üben sich die Gruppenmitglieder darin, die eigene Sicht zu wagen, sich sowohl untereinander abzugrenzen, als auch aufeinander zu hören, sodass ein neuer Gedanke entstehen kann. Diese Aufbruchsstimmung können wir Leiter*innen nutzen, um die Entwicklung durch Verstehen zu fördern, und können gleichzeitig deutlich machen, dass die gemeinsam entwickelten Gedanken wertvolle Hypothesen, aber auch nicht mehr sind.

Die Weiterentwicklung von der Anhängigkeitskultur zur Eigenständigkeit kann manchmal durch eine Revolte der Gruppe gegen die vermeintlich versagende/bedrohliche Leiter*in-Eltern-Figur eingeleitet werden.

Schwierige Beobachtungssituationen können vorgebracht werden, um die bis dahin gern genutzten mütterlichen Fähigkeiten der*des Leitenden und die väterlichen Funktionen der Regeln infrage zu stellen, mit dem Ziel, dies nun selbst zu übernehmen. Dann ist besonders ihre*seine Besonnenheit *gefragt, dieses Agieren nicht als persönliche Bedrohung zu verstehen, sondern* als Schmerzen der Entwöhnung, als Enttäuschung darüber, autoritativ von einem Wissenden durch den Beobachtungsprozess geführt zu werden. Sie*Er ist darauf vorbereitet, allmählich ihre*seine autoritäre Position, die ihr*ihm aus infantilen Bedürfnissen und Übertragungen zugeschrieben wurde, aufzugeben und sich auf *die* Leitungsaktivität zu beschränken, die die IO-Gruppe noch braucht. Sie*Er ist weniger ein*e Leiter*in *der* Gruppe, als ein*e Leiter*in *in der* Gruppe.

Dieser fruchtbare Entwicklungsschritt ist für alle Beteiligten kompliziert. Die eingangs genannte Grundhaltung der »guten Mutter« in Reverie vermittelt zwar die Sicherheit, dass die*der Leiter*in für einen psychischen Zustand »poetischer Einfälle« sorgt, in dem nichts als Abweichung von der primären Arbeit verstanden wird, sodass man sich als erwachsene*r Beobachter*in gut integriert fühlen könnte. Aber gleichzeitig wird dadurch auch die Mutter-Eltern-Übertragung der Teilnehmer*innen auf die*den Leiter*in gefördert. Der Sehnsucht, endlich eine alles verstehende Elternfigur gefunden zu haben, scheint in Erfüllung zu gehen. Nur noch die neidischen und eifersüchtigen Geschwisterkonkurrent*innen stehen dem im Wege. Intensiviert wird dieser Übertragungsprozess durch die Identifikation mit dem beobachteten Baby sowie durch die familiäre Organisation mit ihren archaischen Kräften und Projektionen (Grundannahmeaktivitäten), denen sich die*der Beobachter*in ausgeliefert fühlt und die erst im Laufe der Zeit erkannt werden.

Arbeiten auf verschiedenen Ebenen

Gleichzeitig durchläuft die geschlossene Arbeitsgruppe als Ganzes eine Entwicklung. In Arbeitsgruppen wie unseren Beobachtungsseminaren existieren immer eine *manifeste Ebene* und eine *latente Ebene* oder *Primärebene,* und sie beeinflussen sich wechselseitig.

Die *manifeste* Ebene bietet das dar, was gerade in der Gruppe zwischen der*dem Leiter*in, den Teilnehmer*innen im Umgang mit dem Material vor sich geht. Sie bezieht sich auf die Realität der*des Erwachsenen in der Gegenwart, den bewussten Wunsch der Teilnehmer*innen, das vorliegende Material möglichst sorgfältig zu untersuchen. Wenn wir das Beobachtungsmaterial zu entmischen versuchen, indem wir fragen, was vom Baby, was von der Familie, was von der*dem Beobachter*in kommt, bewegen wir uns auf der manifesten Ebene der Gruppenarbeit. Wir sprechen die reifen Ich-Anteile der Gruppenmitglieder an.

Die *latente* Ebene bezieht sich auf das Verhältnis zur elterlichen Autorität. Sie wird repräsentiert durch die *Leiter*infigur* und korrespondiert mit der vergangenen, infantilen, ursprünglichen Realität.

Die manifeste Ebene beeinflusst das, was auf der Primäreben stattfindet. Einerseits durch die*den Leiter*in, andererseits durch die Gruppe als Ganzes.

Wir sollten die latente Ebene oder Primärebene, die vorwiegend von unbewussten Prozessen gesteuert wird, einbeziehen, *mitdenken.*

Damit sind wir zugleich *außerhalb* der Gruppe als *Beobachter*innen* und zugleich *innerhalb* der Gruppe, durch unsere aktive *Teilnahme, deren Wirkung* auf die Gruppe wir *wiederum beobachten* müssen.

Ich denke, in seltenen Fällen, in denen Grundannahmeaktivitäten die Arbeit *blockieren,* könnte man als Leiter*in nach innerer Prüfung der eigenen Beweggründe (z. B. Ängste) eine Gruppendeutung in fragender Form geben. Die Deutung beschreibt konkret und umfassend die Situation. Theoretische Begriffe braucht sie nicht zu enthalten.

Sie könnte sich zum Beispiel auf das Bedürfnis der Gruppe als Ganzes nach Lob, Anerkennung (Liebe) beziehen oder auf die Geschwisterkonkurrenz der Teilnehmer*innen um die Nähe zur*zum Leiter*in (Eifersucht) oder die Gruppenfrustration über eine*n nicht-wissende*n Leiter*in (Abhängigkeit). Wenn sich daraus eine »klärende Auseinandersetzung« entwickelt, können wir diese mit der gleichen Haltung behandeln, die wir auch im Umgang mit dem Beobachtungsmaterial einnehmen: Wir sind realitätsbezogen, besonnen, duldsam, verständnisvoll und offen für *neue Erfahrungen unter Erwachsenen.* Kritik, Unmut und Unzufriedenheit brauchen wir nicht zu bekämpfen, aktiv auch keine Lösungen anbieten, sondern wir stellen den Kontakt zum Beobachtungsmaterial wieder her. Damit können wir weitaus überzeugender die Hoffnung auf Entwicklung vermitteln.

Das Vertrauen wächst entlang der Arbeit, also entlang einer gelungenen Reflexion des vieldeutigen Materials und setzt kreative Energie frei, die die Integration der Gruppe fördert.

Hat sich die Gruppe anfangs die Kraft von der Autorität ihrer*ihres Leiter*in entlehnt, wurde zusammengehalten durch sie*ihn (integrierte sie sich über ihre*seine Person), so geschah dies, wie vorhin beschrieben, überwiegend auf einem infantilen, unreifen Boden. Aber sie kann sich im Laufe der unerbittlich wiederkehrenden Treffen eine eigene Basis schaffen, insofern wir Leiter*innen ein angemessenes Gleichgewicht zwischen aufwühlenden Gefühlen und der Fähigkeit der Gruppe, sie zu ertragen, schaffen, ohne belehrend auf sie einzureden. Foulkes nennt es eine »erträgliche Gleichgewichtsstörung« (Foulkes, 1974).

Auf der *latenten Ebene* kann die Gruppe dann eine wichtige Entwicklung durchmachen, im Sinne der Entwöhnung von ihrer infantilen Bedürftigkeit, autoritativ geführt zu werden. Auch wenn dieser Entwicklungsschritt gelingt, können immer wieder Situationen auftreten, in denen die Gruppe als Ganzes von Grundannahmeaktivitäten wie Flucht-Kampf, Abhängigkeit oder messianischen Ansprüchen beherrscht wird. Aber so, wie es Meltzer im dem psychoanalytischen Behandlungsprozess versteht: Die Schallmauer ist einmal durchbrochen worden und die Gruppe kann auf ihre Container-Funktion zurückgreifen.

Die Reifung der Arbeitsgruppe lässt sich am deutlichsten daran ablesen, dass »das Decrescendo der aktiven Teilnahme des Leiters dem Crescendo von Integration und Selbstvertrauen aufseiten der Gruppe entspricht« (ebd., S. 87).

Wenn der gemeinsame Weg durch den Beobachtungsprozess so endet, dass man auseinandergehen kann im Bewusstsein, eine Entwicklung unterstützt zu haben, die den Teilnehmer*innen Mut macht, weiter zu lernen, dann ist die Arbeit einigermaßen gut gelungen.

Zusammenfassend ließe sich sagen, dass die IO-Arbeitsgruppe beeinflusst wird durch aktive Grundannahmezustände, wie sie in dynamischen Gruppen vorherrschen. Wir können uns den Dynamiken der Grundannahmen *nicht* entziehen. Die Beziehung zwischen der*dem Leiter*in und der Gruppe als Ganzes sollte beachtet werden. Ich möchte anregen, sie in unserem *inneren* quasi mitzudenken. Wir können damit einen »Denk-Raum« schaffen für agierte Ängste, die aus den unbewussten Grundannahmen im Hier und Jetzt der Gruppe sowohl bezogen auf das Material, als auch auf die Gruppe als Ganzes und ihre Entwicklungsstadien entstehen. Wir könnten damit die Entwicklung der Gruppe zu größerer Selbstständigkeit fördern, was zugleich hilft, mehr von der Beobachtung zu profitieren.

Literatur

Bion, W. R. (2003). *Erfahrungen in Gruppen und andere Schriften.* Übers. H. O. Rieble (3. Aufl.). Stuttgart: Klett-Cotta.

Foulkes, S. H. (1974). *Gruppenanalytische Prozesse.* München: Kindler.

Lazar, R. A. (2004). Psychoanalyse, »Group Relations« und Organisation: Konfliktbearbeitung nach dem Tavistock-Arbeitskonferenz-Modell. In M. Lohmer (Hrsg.), *Psychodynamische Organisationsberatung. Konflikte und Potentiale in Veränderungsprozessen* (2., verb. Aufl.) (S. 18–39). Stuttgart: Klett-Cotta.

Reid, S. (2013 [1997]). Introduction, Psychoanalytik infant observation. The Role oft he Infant Observation Seminar. In S. Reid (Hrsg.), *Developments in Infant Observation. The Tavistock Model.* London: Routledge.

The peculiarity of the observation groups

Abstract: The infant observation working group as an observation-accompanying supervision group is inevitably subject to psychodynamic processes that influence how the group as a whole develops (container) and how deeply the material can be processed (containment). These are basic assumption states that are prevalent in dynamic groups. We cannot escape the dynamics of the basic assumptions. The relationship between the leader and the group as a whole should be considered and thought about in the inner concept of work. A »thinking space« is created for acting fears that arise from the unconscious basic assumptions in the here and now of the group, both in relation to the material and to the group as a whole and its stages of development. We could thus promote the group's development towards greater autonomy, expanding its container function for observation.

Keywords: infant observation, supervision group, psychodynamics, leader behaviour, basic assumptions

Die Autorin

Agathe Israel, Dr. med., ist Fachärztin für Psychotherapeutische Medizin, Psychiatrie/Neurologie, Kinder- und Jugendpsychiatrie, Psychoanalytikerin für Erwachsene, Kinder- und Jugendliche (VAKJP), Lehranalytikerin (DGPT) und Supervisorin sowie Dozentin am Institut für analytische Kinder- und Jugendlichen-Psychotherapie – Esther Bick in Berlin.

agathe.israel@gmx.de

 Psychosozial-Verlag

Selma Fraiberg (Hg.)

Seelische Gesundheit in den ersten Lebensjahren

Studien aus einer psychoanalytischen Klinik für Babys und ihre Eltern

2022 · 388 Seiten · Broschur
ISBN 978-3-8379-3159-4

»Die Arbeit ist sehr gut nachvollziehbar und kann gerade für Gesundheits- und Kinderkrankenschwestern, die in der häuslichen Pflege arbeiten, wichtige Hinweise für die eigene Arbeit geben.«
Christine Huber, kinderkrankenschwester

Im »Child Development Project« erarbeiteten Fachleute eine psychoanalytisch fundierte klinische Interventionsmethode, um Babys, deren körperliche oder seelische Entwicklung gefährdet war, und ihren häufig minderjährigen, traumatisierten und in Armut lebenden Müttern zu helfen. Anhand detaillierter Fallbeschreibungen werden die Entwicklung des Projekts, die Methode der klinischen Begutachung, die Erstellung individueller Behandlungspläne und die Kontrolle des Therapieerfolgs erläutert. Dabei wird deutlich, wie sich trotz der sozial widrigen Umstände ein tragfähiges therapeutisches Arbeitsbündnis aufbauen lässt und wie dem Mutter-Baby-Paar mithilfe einer klaren Interpretationstechnik effizient geholfen werden kann.

Mit Beiträgen von Edna Adelson, Carolyn R. Aradine, John W. Bennett, Jr., Vicki Bennett, Peter Blos, Jr., Selma Fraiberg, Alicia F. Lieberman, Jeree Pawl, Vivian Shapiro, Deborah Spitz Cherniss, Betty Tableman und Howard Uman

Walltorstr. 10 · 35390 Gießen · Tel. 0641-969978-18 · Fax 0641-969978-19
bestellung@psychosozial-verlag.de · www.psychosozial-verlag.de

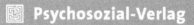

Psychosozial-Verlag

Agathe Israel, Cecilia Enriquez de Salamanca (Hg.)

Baby, Familie, Beobachter*in
Subjektive Prozesse in der Säuglingsbeobachtung
Jahrbuch für teilnehmende Säuglings- und Kleinkindbeobachtung 2021

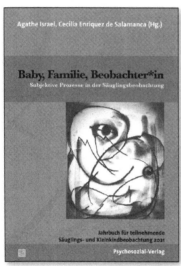

2021 · 101 Seiten · Broschur
ISBN 978-3-8379-3126-6

Emotionale Entwicklung früh und umfassend begleiten, erforschen und reflektieren

Das *Jahrbuch für teilnehmende Säuglings- und Kleinkindbeobachtung* gibt Einblicke in frühe kindliche Entwicklungsprozesse und die Begleitung von Familien nach der Methode von Esther Bick. In regelmäßigen Sitzungen wird das Baby in seiner natürlichen Umgebung mit seinen Bezugspersonen beobachtet. Begleitende lernen, sich hier als beobachtendes und beobachtetes Objekt in einer »Dritten Position« wahrzunehmen und frühe emotionale Kommunikationsformen und Affekte im triadischen System der Familie zu reflektieren. Diese Erfahrungen sensibilisieren Begleiter*innen für die frühesten Ängste und Affekte am Lebensanfang und deren psychosomatische Auswirkungen auf das spätere Leben. Auf diese Weise gelingt es, interdisziplinäre Brücken zu schlagen und die Ausbildung von Psychotherapeut*innen für alle Altersgruppen zu bereichern.

Im vorliegenden Band beleuchten Agathe Israel und Peter Bründl das Säuglingserleben sowie die entwicklungsfördernde Rolle der Beobachter*in. Zugleich betten sie die teilnehmende Säuglingsbeobachtung ein in die psychoanalytische Theoriebildung sowie die Ausbildung in psychodynamischen Therapieverfahren. Eine Säuglingsbeobachtung von Lisa Wolff rundet den Band ab.

Walltorstr. 10 · 35390 Gießen · Tel. 0641-969978-18 · Fax 0641-969978-19
bestellung@psychosozial-verlag.de · www.psychosozial-verlag.de